Bitcoin
kurz & gut

Bitcoin
kurz & gut

Joerg Platzer

Beijing · Cambridge · Farnham · Köln · Sebastopol · Tokyo

Kommentare und Fragen können Sie gerne an uns richten:
O'Reilly Verlag
Balthasarstr. 81
50670 Köln
E-Mail: kommentar@oreilly.de

Copyright:
© 2014 by O'Reilly Verlag GmbH & Co. KG
1. Auflage 2014

Die Darstellung eines Alpakas im Zusammenhang mit dem Thema Bitcoin ist ein Warenzeichen von O'Reilly Media, Inc.

Bibliografische Information der Deutschen Bibliothek
Die Deutsche Bibliothek verzeichnet diese Publikation in der Deutschen Nationalbibliografie; detaillierte bibliografische Daten sind im Internet über *http://dnb.d-nb.de* abrufbar.

Lektorat: Volker Bombien, Köln
Korrektorat: Tanja Feder, Bonn
Satz: III-satz GbR, www.drei-satz.de
Produktion: Andrea Miß und Karin Driesen, Köln
Belichtung, Druck und buchbinderische Verarbeitung:
Druck: fgb freiburger graphische betriebe; www.fgb.de

ISBN 978-3-95561-650-2

Dieses Buch ist auf 100% chlorfrei gebleichtem Papier gedruckt.

Inhalt

Das Krypto-Anarchistische Manifest

Ein Gespenst geht um in der modernen Welt, das Gespenst der Krypto-Anarchie.

Die Computer-Technologie steht kurz davor, Einzelpersonen und Gruppen die Möglichkeit eröffnen zu können, in absoluter Anonymität miteinander zu kommunizieren und interagieren. Zwei Personen werden miteinander Nachrichten austauschen, Geschäfte abschließen und elektronische Verträge aushandeln können, ohne jemals den tatsächlichen Namen oder die Identität des jeweils anderen zu kennen. Durch intensives Re-Routing verschlüsselter Pakete und fälschungssichere Container, bei denen kryptographische Protokolle mit nahezu perfekter Absicherung gegen jede Manipulation implementiert sind, werden sich Interaktionen über Netzwerke nicht mehr verfolgen lassen. Reputation wird von zentraler Wichtigkeit sein, in Geschäftsbeziehungen sogar weit wichtiger als heutige Bonitätsbeurteilungen. Diese Entwicklung wird die Möglichkeiten im Hinblick auf die Regulierung durch Regierungen, die Besteuerung und Kontrolle ökonomischer Aktivitäten sowie die Geheimhaltung von Informationen grundlegend verändern. Auch die Begriffe Vertrauen und Reputation selbst werden neu definiert werden.

Die dieser Entwicklung zugrunde liegende Technologie – die sicherlich sowohl eine gesellschaftliche als auch eine wirtschaftliche Revolution auslösen wird – existiert in der Theorie bereits seit einem Jahrzehnt. Die Verfahren basieren auf asymmetrischer Verschlüsselung, interaktiven Systemen auf Grundlage von Zero-Knowledge-Beweisen und verschiedenen Software-Protokollen für Interaktion, Authentifizierung und Verifizierung. Im Fokus standen sie bislang bei akademischen Konferenzen in den USA und in Europa, die unter genauer Beobachtung der NSA stattfanden. Aber erst in letzter Zeit erreichten Computer-Netzwerke und PCs die erforderliche Geschwindigkeit, um die bei diesen Konferenzen diskutierten Konzepte in die Realität umsetzen zu können. In den nächsten zehn Jahren wird die Geschwindigkeit weiter steigen, so dass die betreffenden Ideen auch wirtschaftlich praktikabel werden und damit im Grunde nicht mehr aufzuhalten sind.   →

Der Staat wird natürlich versuchen, die Ausbreitung dieser Technologie aufzuhalten oder zu verlangsamen, indem Bedenken im Hinblick auf die nationale Sicherheit und bezüglich der Nutzung der Technologie durch Drogenhändler und Steuerhinterzieher und schließlich die Gefahr des Zerfalls der Gesellschaft angeführt werden. Viele dieser Bedenken werden stichhaltig sein; die Krypto-Anarchie wird es ermöglichen, Staatsgeheimnisse, gesetzwidriges und gestohlenes Material frei zu handeln. Durch einen anonymisierten, computerbasierten Marktplatz werden sich sogar verabscheuungswürdige Märkte für Attentate und Erpressung ergeben. Verschiedene kriminelle Elemente, aber auch religiöse Fanatiker und andere Extremisten werden aktive Nutzer des Krypto-Netzes sein. Doch dies wird die Ausbreitung der Krypto-Anarchie nicht aufhalten.

So wie der Buchdruck die Macht mittelalterlicher Gilden geschwächt und die sozialen Machtstrukturen verändert hat, so werden auch kryptologische Verfahren die Struktur von Unternehmen und Formen von staatlicher Einmischung in wirtschaftliche Transaktionen fundamental verändern. Im Zusammenspiel mit aufkommenden Informationsmärkten wird die Krypto-Anarchie einen liquiden Markt für alles und jedes schaffen, was in Wort und Bild ausgedrückt werden kann. Und so wie die kleine Erfindung des Stacheldrahts das Einzäunen von großen Farmen ermöglicht und dadurch das Konzept von Land und Eigentum im amerikanischen Westen für immer verändert hat, so wird die scheinbar unbedeutende Erfindung eines obskuren Zweiges der Mathematik zur Drahtschere werden, die den Stacheldraht um das geistige Eigentum herum demontieren wird.

Erhebt Euch, Ihr habt nichts zu verlieren als Eure Stacheldrahtzäune!

Timothy C. May, 1988, publiziert im September 1992, übersetzt von Joerg Platzer und gekürzt um einen unbedeutenden Satz, der sich auf 80er-Jahre-Technologie bezieht.

[Anmerkung des Übersetzers: Das, was Tim May die Krypto-Anarchie nannte, nennen wir heute Krypto-Ökonomie]

Vorwort

20 Jahre später

In den zwei Jahrzehnten, nachdem Tim May das kryptoanarchistische Manifest verfasste, gab es Dutzende verschiedener Projekte, mit denen versucht wurde, ein digitales Bargeld zu erschaffen, also eine eigenständige Währung, mit der über Computernetzwerke wie das Internet genauso schnell, gebührenfrei und in völliger Privatsphäre Zahlungen getätigt werden können, wie in der realen Welt mit unseren gewohnten Geldscheinen und Münzen. Nicht unbedeutend für die Motivation dieser Anstrengungen war auch die ökonomische Einsicht, dass die Menschheit ein von der Manipulation zentraler Instanzen wie Zentralbanken und Regierungen unabhängiges Zahlungsmedium gut gebrauchen könnte, haben doch diese Instanzen und die von ihnen entwickelten sogenannten Fiat-Geld-Systeme eine beeindruckende Quote von 100% vorzuweisen, wenn es um das Scheitern eben dieser Finanzsysteme geht.

Teilweise waren dies großartige Konzepte, die aber Konzepte blieben, wie Wei Dais *b-money* oder Nick Szabos *bit gold*, aber auch solche, die umgesetzt wurden, aber als sie erste Erfolge verzeichneten, auf betreiben des alteingesessenen Finanzsystems sofort wieder gestoppt wurden, wie Doug Jacksons *e-gold*, bei dem der Ansatz verfolgt wurde, dem staatlichen Fiat-Geld (also Werterschaffung per Dekret, wie das bekannte »Fiat lux« aus der Bibel, »Es werde Licht«) ein Geld entgegenzusetzen, das wieder durch echten Wert gedeckt ist, ähnlich dem Goldstandard früherer Zeiten.

Bis am 1. November 2008, also grade nach Beginn der aktuell immer noch andauernden Finanzkrise des derzeitigen Systems, ein vollkommen unbekannter Programmierer namens Satoshi Nakamoto ein weiteres solches Konzept auf einer Kryptographie-Mailingliste (cryptography@metzdowd.com) vorstellte. Es hatte den obskuren Titel »Ein distribuiertes Zeitstempelsystem für Verträge«. Nicht viele Menschen nahmen davon Notiz, Nakamoto programmierte die erste Version seiner Bitcoin-Software, und wenige Tage nachdem er damit am 3. Januar 2009 die ersten Bitcoins erschaffen hatte, publizierte er die Software als Open Source unter anderem im Forum der P2P Foundation. Kaum jemand bemerkte zu diesem Zeitpunkt, dass der Geburtstag, den der Nutzer Nakamoto in seinem dortigen Profil angegeben hatte, nämlich der 5. April, auf den gleichen Tag fiel, an dem Präsident Roosevelt im Jahre 1933 den Bürgern der USA mit der »Executive Order 6102« den Besitz von Gold verbieten ließ, dieses konfiszierte und das Land damit in die Akzeptanz der von der privatwirtschaftlichen Zentralbank geforderten, beliebig vermehrbaren Fiat-Währung zwang.

In den ersten entstandenen Block des Bitcoin-Systems hatte Nakamoto als Zeitstempel, also als Beweis dafür, das dieser Block an diesem Tag und nicht früher entstand, die Schlagzeile der Londoner Times des selben Tages »Chancellor on brink of second bailout for banks« (»Schatzkanzler kurz vor dem zweiten Bailout für die Banken«) implementiert, und somit einen ähnlich symbolhaltigen Hinweis für die Motivation seines Projektes hinterlassen wie den Geburtstag in seiner Online-Identität.

Wie Nakamoto selbst beschrieb, war das Ziel des Konzeptes, jegliches Vertrauen in die Finanzwirtschaft obsolet zu machen. Vertrauen in die Stabilität des Wertes unseres Geldes, Vertrauen, dass wir in die Hüter unserer Währungen haben müssen, ebenso wie das Vertrauen darauf, dass uns die Früchte unserer Arbeit gehören und nicht zum Beispiel im Zuge einer »zypriotischen Lösung« genommen werden, um scheiternde Banken zu retten. Ein Vertrauen, das während der letzten zwei bis drei Jahrtausende mit solch sicherer Regelmäßigkeit gebrochen wurde, wie die Nacht auf den Tag folgt, und das bei Bitcoin niemand aufbringen muss, da es hier durch klare Regeln ersetzt wird, die auf Mathematik beruhen und die im Quelltext manifestiert werden, so dass niemand sie jemals brechen kann. Ein System, welches kein Vertrauen benötigt und eben deshalb schnell das vollste Vertrauen vieler Anwender gewann, die sich diesem gern und in voller Freiwilligkeit anschließen und es nutzen, nicht weil sie dazu gezwungen werden, sondern weil seine Eigenschaften überzeugen.

Das System, das Nakamoto geschaffen hatte, erregte schnell Aufmerksamkeit in der internationalen Kryptographie- und Digitalgeld-Szene. Nicht nur hatte er damit einige bis dahin ungelöste theoretische Probleme gelöst, er hatte auch das erste System geschaffen, welches es ermöglichte, einen digitalen Wert über ein dezentralisiertes Netzwerk nicht zu kopieren, sondern so zu verschieben, dass jeder Teilnehmer des Netzwerkes zweifelsfrei feststellen kann, wer gerade im Besitz dieses Wertes ist. Weitere Eigenschaften, die zum schnellen Erfolg des Systems beitrugen, sind die immanente Belohnungsstruktur – wer sich am Netzwerk beteiligt und dieses dadurch stärkt, kann diese Werte, also Bitcoins verdienen – und auch die Tatsache, dass das Wachstum und die endgültige Menge dieses digitalen Geldes von vornherein festgelegt, limitiert und von niemandem jemals wieder verändert werden können. Die Analogie zum Geld aller Gelder, dem Gold, war schnell erkannt und somit die Metapher vom digitalen Gold geschaffen. Und in der Tat: Hätte man sich vor einigen Jahren hingesetzt und sich aus Spaß einmal genau überlegt, welche Eigenschaften ein Superhelden-Geld haben sollte, und diese Eigenschaften dann einfach ganz frei und mit Freude an der Utopie formuliert, wäre dabei eine ziemlich genaue Beschreibung von Bitcoin herausgekommen, nur dass keiner gewusst hätte, wie man eine solche Utopie jemals umsetzen könnte.

Nun wissen wir weder, wer Satoshi war oder waren, noch haben wir Kenntnis darüber, ob er sich zu diesem Zeitpunkt eigentlich wirklich der Genialität und des tatsächlichen Zukunftspotentials seiner Entwicklung bewusst war. Mittlerweile erkennen jedoch mehr und mehr Menschen, dass es sich bei diesem System nicht nur um ein freies, nicht manipulierbares Geld- und Zahlungssystem handelt, das allen Menschen auf der Welt zur Verfügung steht, ohne dass irgendeine Erlaubnis eingeholt oder irgendwo einen Antrag gestellt werden müsste.

Bitcoin ist viel mehr. Bitcoin wird gerne »das Geld des Internets« genannt, ist aber in Wirklichkeit das Internet des Geldes. Die Möglichkeiten, die das Bitcoin-Netzwerk bietet, sind bislang überhaupt erst ansatzweise verstanden worden und gehen über die reine Zahlungsfunktion weit hinaus. Es handelt sich um das erste globale System zur Konsensfindung, die erste funktionierende Implementierung eines Triple-Entry-Accountings, es unterwirft unser Geld basisdemokratischen Grundsätzen und es ist vor allem eines: ein frei programmierbares, globales Wirtschafts- und Finanzsystem. Jeder auf diesem Planeten kann es weiterentwickeln. Wenn eine Weiterentwicklung für andere Menschen Sinn macht, dann können diese die Weiterentwicklung nutzen und ebenfalls nach Gutdünken verändern und ihre Änderung wiederum der Menschheit zur Verfügung stellen. Vor uns liegt eine Welt voller Ideen und Innovation und ein freier Markt, auf dem diese Ideen und Entwicklungen sich dann durchsetzen, wenn sie für die Menschen Sinn machen und nicht, wie in unserem althergebrachten System, in dem wir vielleicht grade mal die Wahl der Farbe unserer Kreditkarte haben, durch Anordnung, Vorschrift oder Monopole.

All diese Eigenschaften verleihen Bitcoin eine Disruptionskraft, wie wir sie vorher nur bei Meilensteinen der technologischen Entwicklung wie der Druckerpresse, der Dampfmaschine, des Computers oder des Internets erfahren haben, wobei es eben dieses Mal um unser Geld geht. Bitcoin und das damit entstandene System der Krypto-Währung und der Krypto-Ökonomie verhalten sich zu unserem bestehendem Wirtschaftssystem wie eine unaufhaltsame Kraft, die auf ein unbewegliches Objekt trifft.

Bitcoin und die damit entstandene Krypto-Ökonomie sind auf dem Weg, alle Aspekte unserer ökonomischen Interaktionen zu dezentralisieren und komplett zu erneuern, und wir sehen bislang nur die Anfänge. Es ist davon auszugehen, dass wir in ein bis zwei Jahrzehnte wirtschaftlich über Mechanismen miteinander interagieren werden, für die wir bislang weder Konzepte noch Begriffe haben, so wie sich vor zwei Jahrzehnten niemand vorstellen konnte, über soziale Netzwerke wie Facebook zu kommunizieren, in der Badewanne HD-Videos auf seinem Smartphone zu streamen oder irgendetwas zu »googeln«, zu »tweeten«, zu »bloggen«, »hoch-« oder »runterzuladen«. Bitcoin steht heute da, wo das Internet vor 20 Jahren stand. Entsprechend schnell sind die Entwicklungen und Veränderungen in der jungen Ökonomie und entsprechend groß ist ihr Wachstumspotential.

Ich möchte Ihnen mit diesem Buch sowohl einen Einblick in die Funktionsweise dieser neuen technologischen Möglichkeiten bieten als auch aufzeigen, wie Bitcoin in den abstrakten Kontext Geld einzuordnen ist, und wünsche Ihnen viel Spaß beim lesen!

KAPITEL 1

Bitcoin in a Nutshell

Bitcoin ist eine höchst innovative Technologie, die uns neue Denkweisen abverlangt, vor allem was die dezentrale Struktur dieses Systems betrifft. In diesem einführenden Kapitel möchte ich die grundlegende Funktionsweise des Bitcoin-Netzwerkes erläutern und einige zentrale Begriffe erklären, um dann in den weiteren Kapiteln mehr auf die Details einzugehen.

Das Bitcoin-Netzwerk

Für das Verständnis von Bitcoin – oder jeder anderen dezentralisierten Krypto-Währung – ist es zunächst einmal wichtig zu verstehen, dass es sich bei Bitcoins nicht einfach um irgendwelche Dateien handelt, die man zum Beispiel per E-Mail verschicken kann, sondern dass diese nur innerhalb der zugrundeliegenden Infrastruktur, also des Bitcoin-Netzwerkes, vorhanden sind und angewendet werden können. Wir wollen daher vorab das Bitcoin-Netzwerk ein wenig genauer betrachten.

Dieses Netzwerk zeichnet sich vor allem dadurch aus, dass es eines nicht gibt: eine zentrale Instanz oder Server, über die die Teilnehmer des Netzes miteinander kommunizieren. Bitcoin ist ein reines Peer-to-Peer-Netzwerk. Dies bedeutet, dass jede Teilnehmerin und jeder Teilnehmer des Netzes direkt mit anderen, gleichberechtigten Teilnehmern verbunden ist. Wenn ein Teilnehmer das übrige Netz mit bestimmten Informationen versorgen möchte, teilt er diese Information den mit ihm verbundenen Teilnehmern (»peers«) mit, die diese sofort an die wiederum mit ihnen verbunden Peers weiterleiten. Auf diese Weise verbreiten sich Informationen in Sekundenschnelle rund um den Globus und alle Teilnehmer sind diesbezüglich zu jeder Zeit auf dem gleichen Wissensstand, ohne auf die Datenbank irgendeiner zentralen Instanz zugreifen zu müssen.

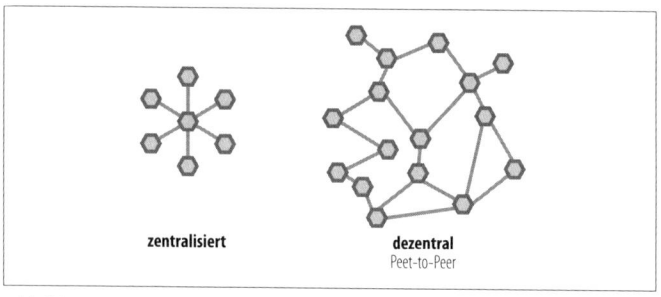

Abbildung 1-1: Links ein zentralisiertes, rechts ein P2P-Netzwerk-Modell

Die Teilnehmer (»Peers«)

Teilnehmer des Netzes ist jeder, der einen mit dem Internet verbundenen Bitcoin-Client, also eine Bitcoin-Software nutzt. Diese kann eine oder auch mehrere »Wallets«, also digitale Brieftaschen, enthalten, mit denen die Bitcoins verwaltet werden. Die Analogie zur Brieftasche ist stimmig, denn auf die gleiche Weise, wie Bargeld in einer Brieftasche aufbewahrt wird, werden Bitcoins (genauer: der Zugang zu den eigenen Bitcoins) in einer solchen Wallet aufbewahrt. Der Vorteil einer digitalen Wallet mit digitalem Geld gegenüber dem gewohnten Papier und der gewohnten Münzen in der Brieftasche ist offensichtlich: Ersteres lässt sich durch Verschlüsselung und entsprechende Backups sichern, was beim Letzteren nicht möglich ist. Wallets verwalten die sogenannten Bitcoin-Adressen, denen im Netzwerk bestimmte Bitcoin-Guthaben zugeordnet sind und die aus einem öffentlichen Schlüssel (den jeder sehen kann) und einem damit mathematisch korrespondierendem privaten Schlüssel (den möglichst niemand außer dem Besitzer kennen sollte) bestehen. Mit dem privaten Schlüssel kann jeder Teilnehmer zweifelsfrei nachweisen, dass er hinsichtlich der Bitcoins, die zu einer öffentlichen Adresse gehören, verfügungsberechtigt ist.

So sieht eine Bitcoin-Adresse aus:

16rfbtnaxhgGkrWnDY4biDZpeefMaVufB1

Und so sieht sie aus, wenn sie in Form eines QR-Codes angezeigt wird, den man einfach mit jedem Smartphone einscannen kann:

Das hier ist der private Schlüssel zu der obigen Adresse:

55cac057 31d314bf 3e455f09 99f40cec 7065c03b 0ff4adbe 1983655b 7cb0e91b

Zusammen nennt man das auch ein Schlüsselpaar, denn die öffentliche Adresse und der dazugehörige private Schlüssel korrespondieren mathematisch miteinander. Die öffentliche Adresse kann jederzeit und ohne nennenswerten Aufwand aus dem privaten Schlüssel generiert werden. Umgekehrt ist das allerdings unmöglich, zumindest bräuchte man dafür einen Computer der so gross ist, dass er als Energiequelle eine Supernova bräuchte und auch damit müsste man sich ein paar hundert Jahre Zeit nehmen.

Sie können an die obige Adresse Geld schicken oder Sie können den privaten Schlüssel dazu in Ihre eigene Wallet importieren, warten dass jemand anders Geld dorthin schickt und das dann schnell ausgeben bevor es jemand anderes tut.

Abbildung 1-2: Eine Bitcon-Adresse in ihren verschiedenen Ausprägungen

Die Clients haben aber noch eine weitere faszinierende Funktion: Sie können die Information, die ihnen von anderen Clients mitgeteilt werden, sofort auf ihren Wahrheitsgehalt hin überprüfen. Dies tun sie vollkommen emotionslos und auf rein mathematischer Basis – die Information ist entweder mathematisch korrekt, dann wird sie verarbeitet (die Transaktion wird akzeptiert) und entsprechend an andere Teilnehmer weitergeleitet, oder sie ist falsch, dann fällt sie unter den Tisch (und die Zahlung wird nicht akzeptiert). Auf die physikalische Welt übertragen können Sie sich einfach eine Brieftasche vorstellen, in die sich keine falschen Geldscheine stecken lassen, weil die Brieftasche sie als falsch erkennt und sich weigert, sie aufzunehmen.

Die Clients sind deshalb dazu in der Lage, weil sie alle auf die gleiche Informationsquelle zugreifen, nämlich eine Datenbank, in der alle jemals im Netzwerk getätigten Informationen verzeichnet sind – die Blockchain, die von jedem vollwertigen Netzwerkkonto lokal vorgehalten wird. Wenn sie weiß, wem zu welchem Zeitpunkt was gehört hat beziehungsweise gehört, können die Clients prüfen, ob der, der gerade Geld verschicken möchte, dieses auch tatsächlich besitzt.

Die Blockchain

Bei der Blockchain handelt es sich um das zentrale Werkzeug und die bahnbrechende Innovation, die Bitcoin erst möglich macht und ohne die die dezentralisierte, verteilte Buchhaltung des Systems nicht möglich wäre. Sie bildet die Grundlage der gesamten Magie des »magic internet money« und das Verständnis ihres Konzepts ist Voraussetzung für jeden, der die Funktionsweise von Bitcoin nachvollziehen möchte.

Im Gegensatz zu einer zentralisierten Buchhaltung, bei der zum Beispiel in einer großen, zentralen Datenbank alle Informationen darüber zu finden sind, wem was gehört, stehen im Bitcoin-Netzwerk jedem Teilnehmer zu jeder Zeit alle diese Informationen zur Verfügung. Nun wäre es ziemlich aufwändig, nach jeder vorgenommenen Buchung ein Update der gesamten Datenbank an alle Teilnehmer zu schicken. Außerdem stellte sich hier die Frage, woher diese denn wissen sollen, dass das, was in der jeweiligen Version steht, auch stimmt?

Um dieses Problem zu lösen, wird die Buchhaltung des Bitcoin-Netzwerkes in Häppchen verteilt und ein solches Häppchen nennt man einen Block. Ungefähr alle zehn Minuten entsteht ein neuer Block und er enthält folgende Informationen:

- die Transaktionen, die dem Netz seit der Erstellung des letzten Blocks von den Teilnehmern gemeldet wurden;
- sogenannter »Proof-of-Work« (»Arbeitsbeweis«), der das Ergebnis des Bitcoin-Minings ist (siehe Kapitel 8, »Bitcoin-Mining« für Details);

- einen leicht überprüfbaren mathematischen Bezug zum vorausgegangenen Block, um jedem anderen Netzwerkteilnehmer gegenüber zu belegen, dass der neue Block auf dem bisherigen Stand der gemeinsamen Buchhaltung aufsetzt.

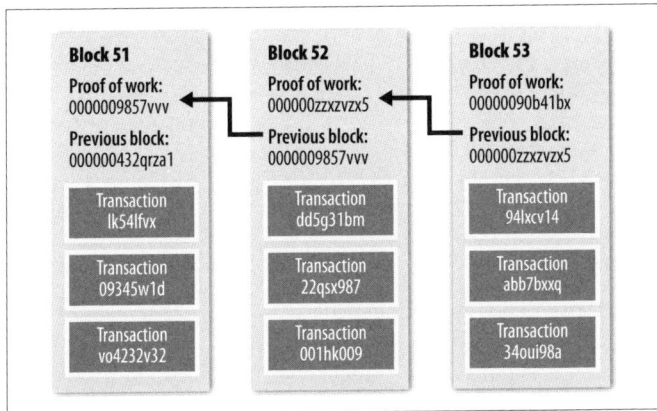

Abbildung 1-3: Die Buchungen in der verteilten Buchhaltung des Bitcoin-Netzwerkes werden in Form von zeitlich aufeinanderfolgenden, mathematisch aufeinander aufbauenden Blöcken verzeichnet.

Aufgrund der Bezugnahme eines jeden neuen Blocks auf den vorherigen entsteht eine Kette von Blöcken, eben die so genannte Blockchain. Auch die zeitliche Reihenfolge der Transaktionen wird auf diese Weise festgehalten, da der Block, mit dem eine Transaktion bestätigt wurde, dieser Transaktion einen unwiderruflichen Zeitstempel aufdrückt. Durch diese Kette ist es möglich, alle Transaktionen bis hin zum ersten von Satoshi Nakamoto (der vermutete Bitcoin-Erfinder) generierten Block, dem so genannten »Genesis Block«, zurückzuverfolgen. Dadurch kann mittels der Blockchain nicht nur festgestellt werden, wer zum aktuellen Zeitpunkt über wie viele Bitcoins verfügt, sondern es lässt sich außerdem überprüfen, ob das auch stimmen kann, weil ja jede einzelne Transaktion der Vergangenheit einsehbar ist.

Diese verteilte Buchhaltung ließe sich mithilfe folgender Metapher beschreiben: Stellen Sie sich vor, alle Menschen wären mit Super-hirnen ausgestattet und könnten sich alles merken, was sie nur möchten. Jeder wüsste zu jedem Zeitpunkt, wer auf der Welt wie viel Geld besitzt. Des Weiteren hätten die Menschen in dieser hypo-thetischen Welt die Fähigkeit verloren, zu lügen, so dass wir uns gegenseitig hundertprozentig vertrauen könnten (dies wird bei Bit-coin durch die Kryptographie erreicht). Nun gehen Sie (Alice) abends ein Bier trinken und bezahlen Ihrem Wirt (Bob) die Euro 2,50 nicht mit Münzen, sondern indem Sie ihm diese mündlich überlassen. Er weiß ja, dass Sie so viel besitzen (er hat die Konto-stände aller Menschen im Kopf), akzeptiert die Zahlung und gibt sechs anderen Gästen Bescheid, dass Sie ihm nun diese Euro 2,50 überlassen haben. Jeder dieser Gäste weiß, dass Alice so viel besitzt, dass Bob die Wahrheit sagt, nimmt sein Mobiltelefon und gibt kurz sechs anderen Leuten irgendwo auf der Welt Bescheid, dass Alice Bob gerade dieses Geld übergeben hat und es nun Bob gehört. Jeder dieser Personen gibt die Information direkt an weitere sechs Leute weiter, diese tun das gleiche und so weiter, so dass in Windeseile die gesamte Menschheit Bescheid weiß, dass nun Bob der Besitzer des Geldes ist. Alle zehn Minuten überprüft ein Buchhalter irgendwo auf der Welt noch einmal alle in den letzten zehn Minu-ten weltweit angefallenen Zahlungen sowie deren Stimmigkeit mit allen bislang bekannten Kontoständen, bestätigt dem Rest der Welt erneut deren Richtigkeit und dokumentiert damit, wann Sie Ihr Bier bezahlt haben. Sie können diese Zahlung auch nicht wieder rück-gängig machen, weil nun alle Welt weiß und dies auch bestätigt wurde, dass das Geld nun Bob gehört und er der einzige ist, der dar-über verfügen darf.

Die Miner

Miner sind im Prinzip Clients mit einer zusätzlichen Spezialauf-gabe. Sie sammeln die ins Netz gesendeten Transaktionen, prüfen diese auf ihren Wahrheitsgehalt, fassen sie zusammen und nehmen sie in die gemeinsame Buchhaltung mit auf.

Alle zehn Minuten berechnet ein Miner das Ergebnis einer außeror-dentlich schwer zu lösenden Rechenaufgabe, einen sogenannten

Block. In diesen Block wiederum fließen sowohl der letzte zuvor errechnete Block als auch die seither propagierten Transaktionen mit ein, und der Miner bestätigt mit diesem Schritt die Korrektheit dieser Transaktionen und ihre Stimmigkeit mit allen vorangegangenen Buchungen im Netzwerk.

Die zu lösenden Rechenaufgaben sind von einer ganz besonderen Art, die man »One-Way-Hashes« nennt. Dabei handelt es sich um Aufgaben, die einerseits sehr schwierig zu lösen sind, es andererseits aber ermöglichen, auf einfache Weise zu überprüfen, ob das gelieferte Ergebnis denn auch wirklich stimmt. Im Grunde genommen geht es bei diesen Aufgaben darum, eine bestimmte, sehr lange Zahl zu finden, die bestimmten Anforderungen entspricht und in einem bestimmten Standard-Format angegeben wird. Jeder Client kann also ohne nennenswerten Aufwand sofort überprüfen, ob das Ergebnis, welches der Miner mit großem Aufwand errechnet hat, auch richtig ist.

In unserer oben beschriebenen Metapher handelt es sich bei den Minern um die Buchhalter, die alle Buchungen der letzten (durchschnittlich) zehn Minuten nochmals überprüfen und der übrigen Menschheit bestätigen, dass diese richtig sind.

Was passiert bei einer Transaktion?

Führen wir uns Folgendes noch einmal vor Augen: Bitcoins liegen nicht irgendwo auf einem Datenspeicher rum und man kann sie auch nicht irgendwie durch die Gegend schicken. Eigentlich existieren Bitcoins einzig und allein als Einträge in der großen gemeinsamen Datenbank, der Blockchain. Einen Bitcoin-Wert von einem Nutzer zum anderen zu transferieren bedeutet, eine Umbuchung in dieser Datenbank vorzunehmen. Die Besitzverhältnisse in der Bitcoin-Welt sind also nicht dadurch geklärt, wer wie viel auf seiner Festplatte hat, sondern wer dem Rest des Netzwerkes belegen kann, dass er berechtigt ist, eine solche Umbuchung von einer Adresse an die andere vorzunehmen.

Nehmen wir also an, unsere eben vorgestellten Freunde Alice und Bob tätigen ein Geschäft und Alice will Bob einen Bitcoin übertragen. Der Bitcoin von Alice ist auf eine ihrer Adressen gebucht und über diese Adresse (den öffentlichen Schlüssel) und die dazu gehörigen Bitcoins hat ausschließlich sie die Kontrolle, weil sie nämlich als einzige, die den dazugehörigen privaten Schlüssel besitzt, in der Lage ist, eine Buchung weg von ihrer Adresse zu autorisieren.

Alice erhält nun von Bob die Adresse, an die sein Bitcoin geschickt werden soll. Mittels ihres Bitcoin-Clients teilt Alice dem Rest des Netzwerkes mit, dass sie den entsprechenden Wert an Bobs Adresse übertragen möchte. Hierzu signiert sie die entsprechende Buchungsaufforderung mit ihrem privaten Schlüssel und schickt sie an die mit ihr verbundenen Teilnehmer. Die anderen Netzwerk-Teilnehmer können diese nun validieren, was Folgendes bedeutet:

- Mithilfe der öffentlich zugänglichen Buchhaltung wird sofort überprüft, ob Alice überhaupt einen Bitcoin auf dieser Adresse besitzt.
- Anhand der kryptographischen Signatur wird erkannt, dass auch tatsächlich die Berechtigung vorhanden ist, diesen von dieser Adresse an eine andere zu transferieren.

Die anderen Clients nehmen zu diesem Zeitpunkt die Transaktionsanweisung erst einmal zur Kenntnis, sie ist aber noch nicht fester Bestandteil der gemeinsamen Buchhaltung. Hier kommt nun der Miner ins Spiel, der den nächsten Block errechnet.

Dazu nimmt er als Ausgangspunkt den bisherigen Stand der Buchhaltung, auf den sich das Netzwerk bislang geeinigt hat (also den letzten Block), fasst die seit dem letzten Block in das Netz gemeldeten Transaktionsanforderungen (sofern diese valide sind) zusammen und bezieht diese Informationen in das von ihm zu errechnende Ergebnis mit ein. Wenn der Miner den nächsten Block (also das Ergebnis der Rechenaufgabe) gefunden hat, sendet er diesen sofort an das gesamte Netzwerk und bestätigt damit die zwischenzeitlich angefallenen Transaktionen und deren Stimmigkeit mit allen jemals vorher im Bitcoin-Netzwerk erfolgten Aktionen.

Jeder am Netzwerk beteiligte Client kann sich nun diesen letzten Block herunterladen und sicher sein, dass seine Buchhaltung exakt auf dem gleichen Stand ist wie die des gesamten Netzes, und dieser Stand sagt jetzt aus, dass der Bitcoin, der vorher auf die Adresse von Alice gebucht war, sich nun unter der Kontrolle von Bob befindet und ihm gehört.

Adressen, Wallets und Clients

Wir verwenden nicht nur in diesem Buch, sondern auch in der Bitcoin-Ökonomie Begrifflichkeiten, die auf den ersten Blick überlappen und etwas verschwommen daherkommen. So werden Sie zum Beispiel lesen und hören, dass Bitcoins nicht nur zwischen Adressen, sondern auch zwischen Wallets ausgetauscht werden, und dann ist da auch noch die Rede von Clients. Deshalb möchte ich diese Begriffe vorab definieren.

Wallets sind im Prinzip Sammlungen von beliebig vielen Adressen, die gemeinsam verwaltet werden und deren aufsummierter Wert dem Nutzer als verwendbares Guthaben einer solchen Wallet angezeigt wird. Sie benötigen also eine Wallet, um die Bitcoins, die zu einer bestimmten Adresse gehören, ausgeben zu können. Die Wallet dient außerdem dazu, Adressen zu generieren, und ermöglicht in der Regel auch den Import von Adressen, die von anderen Wallets generiert wurden, sofern Sie denn den privaten Schlüssel zu der entsprechenden Adresse besitzen. Um genau zu sein, benötigt die Wallet nur den privaten Schlüssel zu einer Adresse, da sie die öffentliche Adresse jederzeit aus dem dazugehörendem privaten Schlüssel generieren kann. Bei einer Wallet kann es sich um ein Programm handeln, das auf Ihrem Computer ausgeführt wird (wie Bitcoin-Core oder das KryptoKit), oder auch um einen Online-Dienst auf einer Webseite, die Ihre Bitcoins verwaltet (wie easywallet.org).

Ein Client ist ein Programm, das auf Ihrem Computer ausgeführt wird und genau das tut, was eine Wallet macht. Bitcoin-Core ist somit gleichzeitig eine Wallet und ein Client, so dass die Begriffe hier austauschbar sind. Es gibt allerdings auch Clients, die in der Lage sind, mehrere Wallets gleichzeitig separat voneinander zu verwalten, wie zum Beispiel Armory.

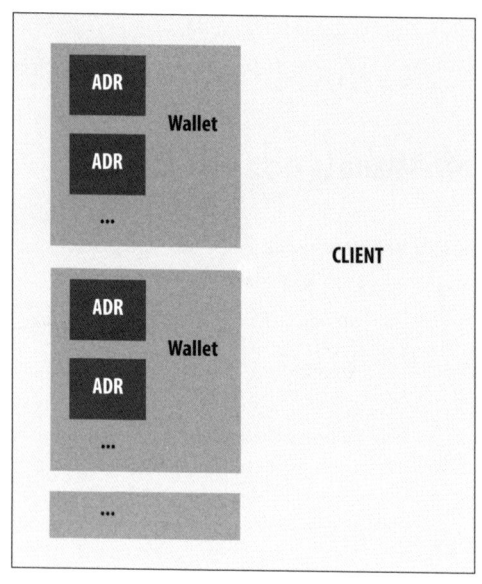

Abbildung 1-4: Die Hierarchie von Adressen, Wallets und Clients

Seien Sie nicht enttäuscht, wenn Sie nach Lektüre dieses ersten Kapitels noch viele Fragezeichen auf der Stirn haben. Alles andere wäre ungewöhnlich, denn wie bereits Dan Kaminsky, einer der weltweit führenden Experten im Bereich der Computersicherheit sagte: »Die ersten fünf mal, die man glaubt, Bitcoin verstanden zu haben, hat man das nicht.«. In den nächsten Kapiteln werde ich versuchen, diese Fragezeichen zu beseitigen.

KAPITEL 2

Von Clients und Wallets

Aufgrund der offenen Architektur und des öffentlich zugänglichen Quelltextes von Bitcoin kann jeder Software schreiben und publizieren, mit der sich Bitcoins empfangen und versenden lassen. Dies führt zu einer großen Vielfalt von Anwendungen und einer stetigen Evolution dieser Werkzeuge. Im vorliegenden Kapitel möchte ich einige grundsätzliche Herangehensweisen der verschiedenen Applikationen erläutern.

Full-Node-Clients

Bei einem Full-Node-Client handelt es sich um einen vollwertigen Netzknoten im Bitcoin-Netzwerk. Er zeichnet sich dadurch aus, dass er lokal eine komplette und ständig aktualisierte Kopie der Blockchain vorhält. Das Vorhalten und Aktualisieren der Blockchain kostet natürlich sowohl Speicherplatz (aktuell etwas über 25 GB, also sehr groß) als auch Internet-Bandbreite, bietet aber eben auch Vorteile.

Diese sind zum einen persönlicher Natur, da der Betreiber eines Full-Node-Clients keinem Dritten in Bezug auf die Korrektheit der Daten, die er zum Validieren einer Transaktion benötigt, vertrauen muss.

Zum anderen (und deshalb möchte ich jedem, der die Möglichkeit dazu hat, ans Herz legen, einen vollwertigen Client zu betreiben) unterstützt jeder einzelne dieser Clients das gesamte Netzwerk. Die Clients überprüfen jede eingehende unbestätigte Transaktion, gleichen sie mit der gesamten Transaktionshistorie ab und validieren sie. Wenn die Transaktion valide ist, leiten sie sie an die verbundenen Peers weiter und sorgen auf diese Weise dafür, dass sie blitzschnell im gesamten Netz verbreitet wird. Anderenfalls fällt die Transaktion unter den Tisch. Die Validierung erfolgt mit der Bitcoin-typischen mathematischen Korrektheit: Ein Full-Node-Client ist unbestechlich und lässt sich durch keine Drohung dieser Welt einschüchtern. Das Ergebnis seiner Prüfung ist mathematisch korrekt oder eben nicht, und es ist irrelevant, wer die Transaktion getätigt hat, solange die betreffende Person belegt, dass sie im Besitz des zur Sende-Adresse gehörenden privaten Schlüssels ist.

Zusätzlich zu der Tatsache, dass jede weitere vorhandene Kopie der Blockchain natürlich auch ein weiteres Backup der gesamten Buchhaltung an einem weiteren geografischen Ort darstellt, stellen Full Nodes die Blockchain, die Block-Header und jeden neuen eingegangenen Block natürlich auch jedem anderen verbundenen Client zum Download zur Verfügung und ermöglichen dadurch die verteilte Buchhaltung, die man sich auf recht anschauliche Weise als eine Art Filesharing-Buchhaltung vorstellen kann, deren Buchungssätze permanent von einer Armee automatisierter Buchhalter auditiert und abgenickt werden.

Je mehr Full-Node-Clients online sind, desto schwerer wird jeder Versuch, inkorrekte Daten zu verbreiten, zum Beispiel von jemandem, der mehrere Knoten betreibt, um mit diesen andere von falschen Informationen zu überzeugen.

Wir werden sowohl den Einsatz des Full-Node-Clients Armory als auch den des Standard-Clients Bitcoin Core detailliert im Wallet-Howto kennenlernen. Die einzige Entsprechung im mobilen Bereich, vor allem auch in puncto Mächtigkeit, ist die Bitcoin-Wallet von Andreas Schildbach (für Android und BlackBerry), bei der es sich allerdings nicht um eine Full-Node- sondern um einen sogenannten Simplified Payment Verification (SPV) Client handelt.

SPV-Clients

SPV steht für Simplified Payment Verification. Es handelt sich hierbei um ein Verfahren, das bereits im ursprünglichen Whitepaper von Satoshi beschrieben wurde und das es einem mit dem Netzwerk verbundenem Client ermöglicht, Zahlungen an die eigenen Adressen zu validieren, ohne einen vollwertigen Netzwerk-Knoten zu betreiben, also ohne die Blockchain und somit die gesamte Transaktionshistorie lokal vorhalten zu müssen.

Zu diesem Zweck bedient sich ein SPV-Client ausschließlich der Block-Header (darin befinden sich Hashes, also Zusammenfassungen aller in einem Block verarbeiteten Transaktionen) der einzelnen in der Blockchain gelisteten Blöcke und nur der Transaktionsdaten, die eigene Adressen involvieren. An dieser Stelle wird deutlich, warum das Bitcoin-Netzwerk auf eine möglichst hohe Anzahl verbundener Full-Node-Clients angewiesen ist: Beides bezieht der SPV-Client nämlich von den mit ihm verbundenen vollwertigen Netzwerk-Knoten (siehe »Full-Node-Clients«). Mittels der Block-Header ist der SPV-Client in der Lage, festzustellen, ob er auf die längste und somit die vom überwiegenden übrigen Teil des Netzwerkes akzeptierte Transaktionshistorie zugreift.

Aus dieser kann er mithilfe von sogenannten Bloom-Filtern die Blockchain-Einträge herausfiltern, die die Transaktionen der von ihm selbst verwalteten Adressen betreffen, und hiermit eingehende Zahlungen validieren sowie diese an die mit ihm verbundenen Peers weiterleiten.

Serverabhängige (thin) Clients

Der Download der gesamten Blockchain nimmt mittlerweile sehr viele Ressourcen in Anspruch und natürlich führt es auch zu einer gewissen Frustration beim Nutzer, wenn er nach Installation des Programmes erst viele Stunden auf die Fertigstellung des Blockchain-Downloads warten muss, bevor er Bitcoins empfangen und versenden kann.

Thin Clients, die nicht auf eine lokale Kopie der Blockchain angewiesen sind, bieten hier eine weitere mögliche Lösung. Elektrum ist ein solcher Client. Elektrum greift zur Validierung von Transaktionen auf die auf Open Source beruhenden (und somit recht vertrauenswürdigen) Elektrum-Servern gespeicherte Blockchain zurück.

Die privaten Schlüssel für die von ihm verwalteten Adressen verwaltet Elektrum aber ausschließlich lokal, das heißt, sie liegen wie bei den Full-Node-Clients nicht auf einem Server, dem Sie vertrauen müssen.

Die Thin Clients sind somit außerordentlich schnell einsatzbereit und sehr ressourcenschonend, bieten Ihnen dabei aber trotzdem volle Kontrolle über Ihr Geld, weswegen ihr Marktanteil sicherlich in der Zukunft gewaltig steigen wird.

Webwallets

Webwallets, auch »Online-Wallets« genannt, sind Anwendungen, die Sie wie jede normale Webseite in Ihrem Webbrowser aufrufen, also Webseiten, mit denen Sie Ihre Bitcoins verwalten können. Ihnen liegt die zur Zeit sehr populäre Idee zugrunde, möglichst alle Daten in der Cloud, also auf Online-Datenspeicher im Internet, zu speichern. Ob dies prinzipiell eine gute Idee ist, mag man unterschiedlich beurteilen, wenn es aber um Ihr gesamtes Erspartes geht, sollten Sie dringend davon Abstand nehmen oder Sicherungsmaßnahmen ergreifen.

Der Grund ist folgender: Wenn Sie eine Webwallet nutzen, liegen die zur Verwendung Ihrer Bitcoins notwendigen privaten Schlüssel auf eben Webservern, der sich Ihrer Kontrolle entzieht. Sie können sich sicher sein, dass der Betreiber dieser Webseite vertrauenswürdig ist und nicht irgendwann mal einfach mit dem ihm anvertrauten Geld verschwindet, was schon passiert ist. Aber auch bei einem ehrlichen Betreiber wissen Sie nie, ob er seinen Webserver auch sicher genug gegen Hacker-Angriffe geschützt hat oder vielleicht ein leichtes Angriffsziel darstellt. Auch durch gehackte Webwallets haben bereits betreffende Nutzer ihre Bitcoins verloren.

Webwallets bieten trotzdem gewisse Vorteile, die man nutzen kann, wenn es zum Beispiel nur um soviel Geld geht, wie man am Abend mitnehmen möchte, um ein Abendessen und danach einen Cocktail zu bezahlen. Sie haben jederzeit und von überall unkomplizierten Zugriff auf dieses Geld, auch zum Beispiel auf Endgeräten der Firma Apple, die grundsätzlich sehr restriktiv im Hinblick auf Bitcoin-Software eingestellt ist, Sie aber nicht davon abhalten kann, mit Ihrem iPhone eine Webseite aufzurufen.

Nutzen Sie Webwallets einfach so, wie Sie auch mit physischem Bargeld umgehen. Wenn Sie zum Essen oder Shoppen gehen, haben Sie in Ihrem Geldbeutel ja auch nur soviel Geld, wie Sie zu diesem Zweck benötigen werden, und Ihr gesamtes Erspartes lassen Sie woanders.

In-Browser Wallets

Bei den In-Browser-Wallets handelt es sich um eine aktuelle Entwicklung, durch die vor allem das Bezahlen im Internet selbst unglaublich effizient und einfach wird. Sie werden als Plug-In in Ihrem Webbrowser installiert, stehen Ihnen hier jederzeit per Mausklick zur Verfügung und bieten Ihnen vollumfänglich alle Funktionen, die für eine Bitcoin-Wallet erforderlich sind.

Während der Entstehung dieses Buches gibt es nur eine voll funktionsfähige in-Browser-Wallet, das Kryptokit, das wir in unserem Step-by-Step-Guide vorstellen werden. Weitere Entwicklungen bahnen sich aber bereits ihren Weg, zum Beispiel das Dark Wallet-Projekt. Bei der Auswahl einer In-Browser-Wallet sollten Sie auf folgende Punkte achten: Es sollte sich um Open-Source-Software handeln, Ihre privaten Schlüssel sollten lokal bei Ihnen gespeichert werden und es sollte die Möglichkeit bestehen, diese Schlüssel mit einem Backup zu sichern.

Hardware Wallets

Hardware Wallets stellen im Frühjahr 2014 die aktuelle Entwicklung hin zu deutlich erhöhter Sicherheit und verbesserter Anwendbarkeit auch für den technisch nicht so versierten Bitcoin-Nutzer dar. Es handelt sich dabei um kleine Single-Purpose-Computer von der Größe eines kleinen mp3-Players, mit denen Sie die privaten Schlüssel Ihrer Bitcoins speichern und Transaktionen damit signieren können, egal ob diese Bitcoins auf einer Webwallet oder einem lokalen Client verwaltet werden (die Hardware Wallet arbeitet immer mit einer Software Wallet zusammen). Die privaten Schlüssel werden auf dem Gerät generiert und verlassen dieses niemals, zumindest nicht in irgendeiner elektronischen Form, die von Dritten abgefangen werden könnte, um die Bitcoins zu stehlen. Dabei spielt es keine Rolle, ob der Rechner, an dem Sie die Hardware Wallet betreiben, von Bundestrojanern oder Keyloggern befallen ist oder von der NSA oder auch dem Betreiber des Internet-Cafes, in dem Sie sitzen, überwacht wird. Weder kann ein befallener oder überwachter Rechner Zugriff auf Ihre Bitcoins erlangen noch die damit signierte Überweisung manipulieren noch kann die Hardware Wallet selbst von irgendwelchen Schadprogrammen befallen werden.

Es ist nicht möglich, Bitcoins in der dort gespeicherten Wallet auszugeben, ohne dass vorher eine Bestätigung durch das (per USB) an einen Computer angeschlossene Gerät erfolgt ist, das wiederum über eine Sicherung vor Verlust oder Diebstahl in Form von Passwort und PIN verfügt. Sollte die Hardware Wallet verloren gegangen oder zerstört worden sein, kann auf das damit verwaltete Guthaben jederzeit wieder mit Hilfe eines Backups und eines anderen Gerätes (oder Clients) zugegriffen werden

Mit Hardware Wallets werden wir im Jahr 2014 eine der wichtigsten Entwicklungen und größten Fortschritte bei der persönlichen Verwaltung von Bitcoins beobachten. Wenn Sie auf wirklich hohe Sicherheit und einfache Handhabung Ihrer Bitcoins Wert legen, ohne sich großartig um Software-Lösungen kümmern zu möchten, sollten Sie die Investition in ein solches Gerät wirklich in Erwägung ziehen.

Nachdem ich nun prinzipielle Unterschiede bei verschiedenen Anwendungsprogrammen für Bitcoin erläutert habe, werde ich im nächsten Kapitel detailliert auf bestimmte Softwareprodukte für unterschiedlichen Bedarf und verschiedene Zielsetzungen eingehen.

KAPITEL 3

Wallets Step by Step

Welche Wallet nehmen?

Nun da wir einige grundsätzliche verschiedene Herangehensweisen an Wallet-Implementierungen kennengelernt haben, möchte ich in diesem Kapitel konkret auf einige Wallets eingehen und deren Einrichtung sowie die ersten entsprechenden Arbeitsschritte beschreiben. Wo Sie die Bitcoins erhalten, die Sie mit Ihrer Wallet verwalten können, erfahren Sie im nachfolgenden Kapitel »Bitcoins kaufen«.

Wir widmen uns in diesem Kapitel einigen verschiedenen Clients bzw. Wallets, die sich für unterschiedlichste Einsatzgebiete und Ansprüche eignen. Wenn Sie das Kapitel 2, »Von Clients und Wallets« gelesen haben, haben Sie auch schon eine gewisse Ahnung von den unterschiedlichen Anwendungszwecken für verschiedene Arten von Bitcoin-Wallets. Um loszulegen. wählen Sie einfach eine der folgenden Wallets aus, die Ihnen für Ihre Zwecke geeignet erscheint. Da Sie so viele unterschiedliche Wallets ausprobieren, einsetzen oder wieder verwerfen können, wie Sie möchten, können Sie an dieser Stelle auch nichts falsch machen. Suchen Sie sich also eine Wallet aus, beginnen Sie damit, mit Kleinstbeträgen herumzuexperimentieren, und denken Sie immer daran, Ihre Daten wie in unseren Anleitungen beschrieben zu sichern!

Bitcoin Kern (auch »Bitcoin Core«): Die mächtige stationäre Lösung und der sogenannte Referenz-Client, auf den sich alle anderen Implementierungen beziehen, der aber auch viel Zeit und Ressourcen in Anspruch nimmt (für GNU/Linux, Windows und MacOS). Für alle, die einen vollwertigen Bitcoin-Netzwerkknoten betreiben möchten. Den »Bitcoin Kern« finden Sie unter *www.bitcoin.org/de/waehlen-sie-ihre-wallet*

KryptoKit: Eine schnelle, einfach zu handhabende Lösung für alle, die sofort loslegen möchten. Setzt Google Chrome voraus. Das KryptoKit finden Sie unter *www.kryptokit.com*, wenn Sie auf den Link »Download the Chrome Plugin ...« klicken.

Bitcoin-Wallet (»Schildbach-Wallet«): Die vollumfängliche und am meisten verbreitete mobile Wallet für Android und BlackBerry-Endgeräte. Suchen Sie in Ihrem Play- oder App-Store nach »Schildbach«, um die Wallet zu installieren.

Easywallet.com: Eine Webwallet zur Verwaltung kleiner Beträge, die in jedem Webbrowser stationär und mobil nutzbar ist, also auch für Nutzer von mobilen Geräten der Firma Apple. Einfach *www.easywallet.com* aufrufen und schon haben Sie die Easy-Wallet in Ihrem Browser.

Trezor: Die Hardware Wallet für hohe Ansprüche an Sicherheit und einfache Anwendbarkeit. Den Trezor können Sie unter *www.bitcointrezor.com* bestellen und wahrscheinlich bald auch im Computer-Einzelhandel kaufen.

Breadwallet: Eine minimalistische, intuitiv zu bedienende Wallet für iPhones. Sie finden sie im App Store von Apple.

Sichere Passwörter

Die Passwörter für Ihre Bitcoin-Wallets oder für Plattformen, auf denen Sie Kryptogeld aufbewahren, sind bares Geld wert. Das bedeutet, dass sowohl die Motivation eines eventuellen Angreifers, Ihr Passwort zu erraten, als auch Ihr Verlust, wenn er das schafft, ungleich größer sind, als wenn es um Ihren Facebook-Zugang, Ihre Kontaktdaten oder andere für Sie persönlich vielleicht wichtige, aber monetär wertlose Informationen geht.

Nun ist das Erstellen sicherer Passwörter selbst eine Wissenschaft für sich, ich möchte an dieser Stelle aber einige Hinweise geben, die Ihnen helfen sollen, auf die sichere Seite zu gelangen. Im Folgenden sind daher einige allgemein anerkannte Regeln zur Erstellung sicherer Passwörter aufgelistet:

- Nutzen Sie möglichst immer mindestens 12 bis 14 Zeichen oder sogar mehr.

→

- Nutzen Sie Groß- und Kleinbuchstaben, Zahlen und Sonderzeichen.
- Wählen Sie Passwörter immer vollkommen willkürlich, verwenden Sie also nichts, was in einem Wörterbuch steht und vor allem nichts, was in irgendeiner Weise etwas mit Ihnen zu tun hat (Name, Nutzername, Geburtsdatum, Name Ihres Lebenspartners oder Haustieres, ...).
- Nutzen Sie nie das gleiche Passwort für verschiedene Anwendungen.
- Ändern Sie Ihre Passwörter so oft wie möglich (die »Unterhosen-Regel«, also am besten täglich!).
- Geben Sie Ihr Passwort niemals über die Tastatur eines Rechners ein, dem Sie nicht vertrauen (also z.B. nicht im Internet-Cafe), und kopieren Sie es dort auch nicht in die Zwischenablage.

Auch in Bezug darauf, ob man Passwörter aufschreiben oder sich merken sollte, gibt es verschiedene Meinungen. Die Entscheidung für ein Passwort, das man sich später merken möchte, führt leider meist zu sehr schwachen Passwörtern und dazu, dass es seltener gewechselt wird. Wenn man sich seine Passwörter aufschreibt, muss man sie natürlich an einem sicheren Platz aufbewahren: Das berühmte Passwort auf einem Zettel, der am Bildschirm klebt, ist leider ein sehr häufiger und grober Fehler.

Nutzen Sie Eselsbrücken! Denken Sie sich einen Satz aus genügend Wörtern aus, den Sie sich leicht merken können (je komischer und lustiger er ist, desto einfacher lässt er sich merken). Nehmen Sie die Anfangsbuchstaben und ersetzen Sie einige der Buchstaben durch Zahlen oder Sonderzeichen.

Dort, wo Sie auch sehr lange Passwörter nutzen können, können Sie auch eine Kombination von 12 oder mehr Wörtern einsetzen. Diese müssen allerdings wirklich willkürlich gewählt sein. Dazu ein Vorschlag: Nehmen Sie irgendein Buch aus Ihrem Bücherregal, schlagen Sie zufällige Seiten auf, tippen Sie mit geschlossenen Augen auf die aufgeschlagene Seite, schreiben Sie sich das auf diese Weise gefundene Wort auf und wiederholen Sie das ganze, bis Sie genug Wörter haben. Falls Sie sich diese nicht merken können, schreiben Sie sie auf oder notieren Sie sich die Seitenzahl, die Zeile und das wievielte Wort Sie gewählt haben.

Sie sehen, es gibt viele Ansätze, sichere Passwörter zu erstellen. Der größte Fehler, den man dabei begehen kann, besteht darin, hier zu wenig Zeit und Aufwand zu investieren.

Bitcoin Kern – der Referenz-Client (V0.91-beta)

Bitcoin Kern ist der offizielle Referenz-Client der Bitcoin-Entwickler-Gemeinde, anhand dessen wir uns die grundlegenden Funktionen einer Bitcoin Wallet ansehen möchten. Er ist allerdings, wie bereits erwähnt, nicht sehr ressourcenschonend, alleine schon deshalb, weil für seinen Betrieb annähernd 25 GB Daten aus dem Netz geladen werden müssen. Falls Sie also ungeduldig sind und sofort loslegen möchten, wählen Sie entweder einen leichteren, stationären Client wie Elektrum (*https://elktrum.org/de*) oder Multibit (*https://multibit.org*) oder überspringen Sie dieses Unterkapitel und nutzen Sie eine einfachere und weniger mächtige Anwendung wie Kryptokit. Für mobile Endgeräte springen Sie zum Kapitel über die Bitcoin Wallet von Andreas Schildbach oder zur Easywallet.

Starten Sie Bitcoin Kern. Wenn das Programm geöffnet ist, befinden Sie sich auf der Übersichtsseite, auf der wir uns erst einmal ein wenig umsehen möchten.

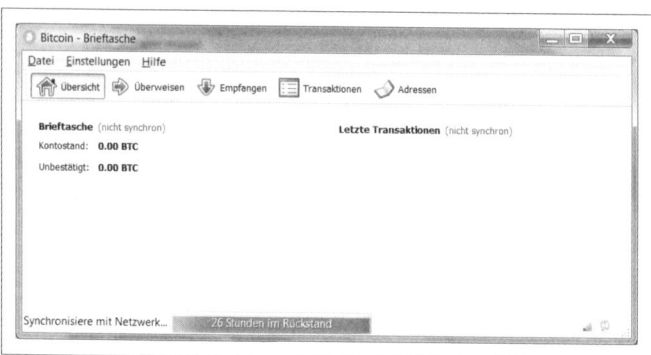

Abbildung 3-1: Die Übersichtsseite von Bitcoin Kern

Einrichten

Am unteren Rand des Fensters sehen Sie die Statuszeile. Diese umfasst einen Fortschrittsbalken, der Ihnen verrät, wie weit der

Download der Blockchain bereits fortgeschritten ist. Denken Sie daran: Ihr Bitcoin-Client kann Ihnen nur Bitcoins anzeigen, die er vor dem letzten heruntergeladenen Block erhalten hat. Wenn Sie Ihren Client regelmäßig in Betrieb nehmen, muss er nach jedem Programmstart nur die ihm fehlenden Blöcke herunterladen, was ziemlich schnell geht. Beim ersten Programmstart kann das aber verdammt lange dauern (rechnen Sie je nach der Ihnen zur Verfügung stehenden Bandbreite mit Stunden bis zu Tagen!). In der rechten unteren Ecke sehen Sie ein weiteres Symbol, das Ihnen beim Rollover mit der Maus den Fortschritt des Downloads anzeigt. Bei beendetem Download ändert es sich in einem grünen Haken, während der Fortschrittsbalken verschwindet (es wird aber noch eine Weile dauern, bevor Sie dies sehen werden ;).

Links daneben sehen Sie ein Statussymbol, das Aufschluss über die Anzahl der mit Ihrem Rechner verbundenen Peers (also anderer Netzwerkteilnehmer) gibt. Wenige Momente nach Programmstart sind das normalerweise sechs bis acht Stück. Falls Sie zwar über eine aktive Internetverbindung verfügen, aber keine Daten empfangen, kann das daran liegen, dass Sie aus irgendeinem Grund keine Verbindung zu anderen Peers haben (zum Beispiel wenn auf Ihre PC oder Notebook der Port 8333, den Bitcoin für seine Verbindungen nutzt, aus irgendwelchen Gründen blockiert ist).

Links daneben: nichts. Dies müssen wir ganz dringend ändern, darum überspringen wir erst einmal alles andere und wählen aus dem Pull-Down-Menü »Einstellungen« den Punkt »Brieftasche verschlüsseln« aus. Sie werden nun zu einer zweimaligen Eingabe Ihres gewählten Passwortes aufgefordert, wobei Sie unbedingt zwei Dinge berücksichtigen sollten:

- Wählen Sie ein sicheres Passwort! Ein unsicheres Passwort wiegt Sie in falscher Sicherheit und ist von einem Angreifer eventuell sehr leicht zu knacken.

- Merken Sie sich unbedingt Ihr Passwort! Wenn Sie es vergessen, sind Ihre Bitcoins auf immer verloren, es sei denn, es war sehr unsicher, so dass Sie es von einem Profi (wie einem Wallet-Recovery-Service oder vielleicht auch einem Hacker aus dem Freundeskreis) mit einigem Glück knacken lassen können.

Darauf sollte Sie sich aber auf keinen Fall verlasssen, und von genau solchen unsicheren Passwörtern rate ich ja eben auch dringend ab.

Getan? Dann ein Blick zurück in die Statuszeile, wo Sie jetzt neben der Anzeige für die Anzahl der verbundenen Peers ein kleines Vorhängeschloss sehen, das Ihnen anzeigt, dass die Brieftasche verschlüsselt ist. Wenn Ihnen jetzt Ihr Rechner gestohlen wird, hat der Dieb keine Chance, Ihre Bitcoins auszugeben.

Sie aber auch nicht. Deshalb gibt es einen zweiten Schritt, an den Sie unbedingt denken sollten, bevor Sie in Ihrer Wallet tatsächlich Bitcoins aufbewahren: Erstellen Sie ein Backup (eine Sicherungskopie). Nicht umsonst gilt unter IT-Profis die folgende alte Weisheit: »Die Leute haben genau bis zu dem Zeitpunkt kein Backup, an dem sie dringend eines gebraucht hätten.« Tun Sie sich den Gefallen und lassen Sie es nicht so weit kommen, sondern wählen Sie aus dem Pull-down-Menü »Datei« den Unterpunkt »Brieftasche sichern« aus. Im folgenden Dialogfeld werden Sie nicht nur aufgefordert, den Speicherort für Ihr Backup anzugeben, sondern auch einen Dateinamen. Hier macht es Sinn, einen Namen zu wählen, der keinen Aufschluss darüber gibt, dass es sich bei dieser Datei um eine Bitcoin-Wallet handelt. Und natürlich sollten Sie Ihr Backup nicht auf Ihrer lokalen Festplatte speichern, sondern auf einem externen Medium wie einem USB-Stick. Vorzugsweise erstellen Sie sogar zwei solcher Backups und bewahren beide an unterschiedlichen Orten auf. Wenn Ihr Haus abbrennt, haben Sie so immer noch Ihre Bitcoins.

TIPP

Sie müssen Ihr Backup nicht nach jeder Transaktion erneuern. Es besteht eigentlich nur aus den zu Ihren Adressen gehörenden privaten Schlüsseln und so wird dieses Backup für alle Zeiten alle Transaktionen über diese Adressen beinhalten. QT legt Ihnen automatisch initial einen Adresspool von 100 Adressen an. Erst wenn Sie mehr als diese 100 Adressen verwenden, müssen Sie die neuen Adressen wieder sichern.

Haben Sie diesen Schritt durchgeführt? Wenn Ihnen jetzt Ihr Rechner gestohlen wird, hat der Dieb keine Chance, Ihre Bitcoins auszugeben, Sie können aber Ihr Backup jederzeit auf einem anderen Rechner wieder einspielen und Ihre Bitcoins stehen Ihnen sofort wieder zur Verfügung. Wenn Sie meinen Rat beherzigen und die beiden Schritte durchführen, bevor Sie Ihr Geld in Ihrer Wallet aufbewahren, ist dieses jetzt sicherer als auf jedem Bankkonto.

Empfangen

Wenden wir uns nun dem großen Mittelteil der Benutzeroberfläche zu. Auf der linken Seite sehen Sie Ihren Kontostand und darunter die Anzahl der Coins, die man Ihnen bereits geschickt hat, die aber vom Netzwerk noch nicht vollständig bestätigt sind (oder deren Bestätigungen in Blöcken zu finden sind, die Sie noch nicht heruntergeladen haben). Den unbestätigten Betrag können Sie erst ausgeben, wenn er vom Netzwerk bestätigt wurde, was im Normalfall weniger als 10 Minuten dauert.

Bevor Sie Bitcoins verschicken können, müssen Sie sie natürlich erst eimal besitzen. Klicken Sie deshalb jetzt auf den Menüpunkt »Empfangen«. Bitcoin Kern hat Ihnen bereits eine erste Bitcoin-Adresse generiert und zeigt Ihnen diese hier an. Wenn Sie diese markieren, können Sie ihr eine Bezeichnung geben (»Gehalt Juni 2014« oder wofür auch immer Sie die Adresse verwenden), sie in die Zwischenablage kopieren (um sie zum Beispiel per Mail zu verschicken) oder sie in Form eines QR-Codes anzeigen lassen (um sie zum Beispiel mit einem Mobiltelefon zu scannen) oder in Form einer kommagetrennten Textdatei exportieren (um sie in eine andere Applikation zu importieren).

Mit einem Klick auf »Neue Adresse« können Sie sich beliebig viele Adressen generieren. Es ist empfehlenswert, für jede Transaktion eine neue Adresse zu generieren, da der Fluss des Geldes so für Außenstehende weniger leicht nachzuvollziehen ist.

Versenden

Wenn Sie nunmehr die Blockchain vollständig heruntergeladen und auch schon eine bestätigte Bitcoin-Transaktion empfangen haben, können Sie endlich Geld ausgeben. Hierzu klicken Sie auf »Überweisen«.

In der folgenden Ansicht können Sie entweder aus dem Adressbuch (Knopf rechts von der Empfänger-Adress-Zeile) einen bereits gespeicherten Empfänger auswählen oder einfach die Empfängeradresse (die Sie zum Beispiel aus einer Email oder von einer Webseite kopiert haben) einfügen. Geben Sie den Betrag ein (mithilfe des Auswahlknopfes neben dem Betrags-Feld können Sie zwischen BTC, Milli-BTC und Mikro-BTC umschalten) und klicken Sie auf »Senden«. Wenn Ihre Wallet Sie nun nicht nach dem Passwort fragt, wechseln Sie bitte zurück zum Unterkapitel »Einrichten«, ansonsten geben Sie das Passwort ein und klicken Sie auf »Überweisen«.

KryptoKit

Bei KryptoKit handelt es sich um die erste In-Browser-Wallet, realisiert als Plug-In für den Google Chrome-Browser, und wohl die schnellste Art und Weise, Bitcoin zu nutzen. Es ist eine voll auditierbare Open-Source-Lösung, bei der Sie alle sicherheitsrelevanten Daten (private Schlüssel, Passwörter) ausschließlich lokal vorhalten, aber nicht die gesamte Transaktionshistorie aus dem Netz herunterladen müssen, da KryptoKit die für Überweisungen notwendigen Informationen nach dem weiter vorne beschriebenen Verfahren (siehe »thin Clients«) auf eigenen Servern vorhält.

Installieren Sie sich den Google Chrome-Browser und rufen Sie damit die Seite *www.kryptokit.com* auf. Hier finden Sie den Link zum Google App Store, über den Sie sich KryptoKit ohne großen Zeitaufwand installieren können. Wenn Sie diese Schritte erfolgreich durchgeführt haben, öffnen Sie KryptoKit, indem Sie auf das Icon rechts neben der Adressleiste des Browsers klicken. Sie bleiben also immer innerhalb Ihres Chrome-Browsers.

Um eine Adresse zu generieren, werden Sie nun aufgefordert, den Mauszeiger einen Moment lang innerhalb des KryptoKit-Fensters zu bewegen. KryptoKit nutzt die Daten, die durch diese willkürlichen Mausbewegungen entstehen, um eine gewisse Entropie (also Informationsdichte) in die Generierung der Adresse Ihrer Wallet einfließen zu lassen.

In Anschluss daran ist das KryptoKit auch schon zum Einsatz bereit und zeigt Ihnen unter »your address« Ihre neue Bitcoin-Adresse an. Alternativ können Sie Ihre Adresse als QR-Code anzeigen lassen, indem Sie auf das entsprechende Icon neben Ihrer Adresse klicken, um sie zum Beispiel einfach mit einem mobilen Endgerät zu lesen und Bitcoins an die Adresse schicken zu können. Je nachdem, von wo Sie die Bitcoins an Ihre KryptoKit-Wallet schicken, werden diese zwischen sofort und maximal 20 Minuten angezeigt und stehen dann für Transaktionen zur Verfügung.

Vorher sollten Sie aber auch hier erst einmal ein Passwort für Ihre Wallet setzen. Klicken Sie hierzu auf »Wallet Options« und dann auf »Set Password«, geben Sie zweimal Ihr gewähltes Passwort ein und stellen Sie sicher, dass dieses Passwort auch nicht wieder vergessen werden kann.

Sie sollten außerdem unbedingt eine Sicherheitskopie Ihrer Wallet anlegen, bevor Sie sie mit Geld versehen. Klicken Sie hierzu auf das »Settings«-Icon ganz unten im KryptoKit-Fenster, wählen Sie »Backup KryptoKit« aus und klicken Sie dann auf den nun angezeigten Button »Download KryptoKit backup file«. KrptoKit legt Ihnen nun eine Datei namens »backup.json« in den von Ihnen definierten Download-Ordner des Chrome-Browsers (diese Datei stammt nicht aus dem Internet, sie wird in Ihrem Browser generiert). Benennen Sie diese Datei am besten um und legen Sie eine zweite Kopie davon auf einem externen Speichermedium ab. Um dieses oder ein anderes Backup einzulesen, wählen Sie den Punkt »Restore KryptoKit« und anschließend die Datei des Backups aus, das Sie importieren möchten.

Um die Empfängeradresse anzugeben, kopieren Sie diese einfach in das Feld »Address«. Sollten Sie sich auf einer Webseite befinden, auf der Bitcoin-Adressen angezeigt werden, findet KyptoKit diese sofort und bietet Sie unter »Found Addresses« zur Auswahl an. In diesem Fall müssen Sie sie nicht einmal mehr mit Copy-and-Paste übertragen, sondern können sie mit einfachem Mausklick auswählen und dadurch direkt in die Empfängerzeile eintragen. Gleiches gilt für den bei einem Bezahlvorgang auf einer Webseite in einem QR-Code verschlüsselten Zahlbetrag. Des Weiteren bietet Krypto-Kit auch ein einfach handhabbares Adressbuch an, in das Sie Empfängernamen und -adressen eintragen und zwecks Überweisung auswählen können.

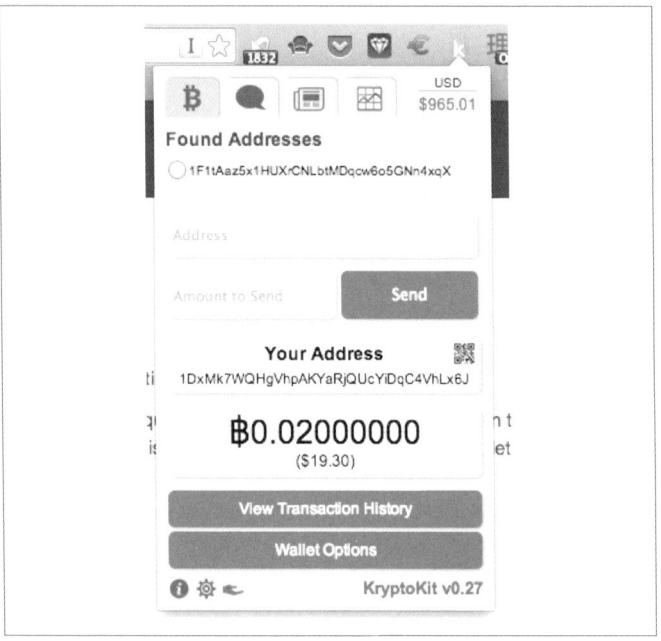

Abbildung 3-2: Das KryptoKit erkennt Bitcoin-Adressen auf der Webseite, die Sie gerade besucht haben, und bietet diese direkt zum Durchführen von Transaktionen dorthin an.

Wenn Sie den Empfänger ausgewählt haben, geben Sie nun noch Ihr Passwort und den zu zahlenden Betrag ein und klicken Sie auf »Send«.

Dies sind die wichtigsten Schritte, um mit KryptoKit Bitcoins empfangen, versenden und sicher verwalten zu können. Das KryptoKit bietet ansonsten noch viele weitere wertvolle Funktionen und Informationen, die Sie getrost ausprobieren können, ohne dabei Ihr Guthaben zu gefährden – Sie haben ja ein entsprechendes Backup, und auch wenn Sie das KryptoKit versehentlich ganz entfernen, können Sie es einfach neu installieren und Ihr Backup wieder einspielen.

Bitcoin Wallet for Android und BlackBerry (»Schildbach Wallet«)

Bei Bitcoin Wallet handelt es sich um die älteste, umfänglichste, am weitesten ausgereifte und dadurch wohl auch stabilste Bitcoin-Wallet für mobile Endgeräte, die unter Android oder BlackBerry10 laufen, weshalb sie bereits mehrere hunderttausend Male installiert wurde. Die App ist Open Source, umsonst und Sie finden Sie in Ihrem jeweiligen Play/App-Store zum komfortablen Download.

Wenn Sie die Bitcoin Wallet installiert haben, öffnen Sie diese per Klick auf das Bitcoin-Icon und Sie werden vom Ausgangs-Bildschirm der App begrüßt. Da es sich bei der Schildbach-Wallet um einen SPV-Client handelt (Kapitel 2, »Von Clients und Wallets«), muss hier zwar nicht die gesamte Blockchain heruntergeladen werden, aber auch der erforderliche Download der Blockheader selbst benötigt eine gewisse Zeit (rechnen Sie je nach der Qualität Ihrer Internet-Verbindung mit bis zu einer Stunde). Solange die App noch nicht über diese Blockheader verfügt, kann Sie Ihnen auch keine empfangene Bitcoins anzeigen. Sie können den Fortschritt Ihres Downloads auf dem Startbildschirm jederzeit mit verfolgen. Auch wenn Sie die App eine Weile nicht aktiv genutzt haben, wird Sie erst die fehlenden Daten nachladen, bevor Sie Ihnen zwischenzeitlich empfangene Beträge anzeigen kann.

In der Zwischenzeit sollten Sie das erledigen, was Sie mit jedem Bitcoin-Client zuerst tun sollten, bevor Sie damit Bitcoins empfangen: Ihre privaten Schlüssel sichern. Dazu verbinden Sie Ihr Mobilgerät am besten per USB-Kabel mit einem Computer, auf dem Sie Ihr Backup ablegen möchten. Klicken Sie anschließend auf das Pull-Down-Menü rechts oben auf dem Bildschirm und wählen Sie den Punkt »Schlüsselsicherung« → »Private Schlüssel sichern«. Im folgenden Dialogfeld können Sie ein Passwort zur Verschlüsselung Ihrer Sicherungsdatei festlegen, was Sie unbedingt tun und keinesfalls vergessen sollten. Des Weiteren können Sie nun den Speicherort für das Backup angeben. Falls Sie jemals ein Backup zurück in Ihre Bitcoin-Wallet importieren möchten, finden Sie hier ebenfalls die entsprechende Option, wobei Sie aber unbedingt darauf achten sollten, keine aktuelle Wallet mit einem alten Backup zu überschreiben.

Leider bietet die Bitcoin-Wallet bislang keine Funktion, die privaten Schlüssel selbst auf dem Gerät zu verschlüsseln. Das bedeutet, dass im Fall von Diebstahl oder Verlust Ihres Gerätes Ihr auf dem Gerät gespeichertes Guthaben nur durch die PIN und das Passwort Ihres Mobiltelefons selbst geschützt ist. Nutzen Sie hier also unbedingt die entsprechenden Funktionen.

WARNUNG

Speichern Sie auf Ihrem Mobiltelefon niemals Ihre gesamte Altersvorsorge, sondern nur so viel Geld, wie Sie auch in Ihrem Geldbeutel mitführen würden, nämlich für den täglichen Bedarf!

Wenn die Blockheader geladen sind und die Wallet gesichert ist, können Sie sofort Bitcoins empfangen. Nehmen Sie sich aber vorher die Zeit, sich auf dem Startbildschirm umzusehen. Unterhalb der Menüleiste werden Ihnen an prominenter Stelle die Informationen angezeigt (siehe Abbildung 3-3).

Sie sehen Ihr

- Ihr Guthaben, dessen Anzeige Sie im Pull-Down-Menü unter »Einstellungen« → »Stückelung und Genauigkeit« anpassen können, wenn Sie zum Beispiel mehr oder weniger Nachkommastellen oder Bitcoins statt Milli-Bitcoins sehen möchten.

- Ihre Bitcoin-Adresse in Textform (um sie z.B. per Email zu verschicken) und als QR-Code (um sie von einem anderen Gerät scannen zu lassen), den Sie per Klick darauf vergrößern können.

Abbildung 3-3: Die Ansicht der Bitcoin Wallet für Android auf einem Android Tablett

Im Feld links darunter (sofern Ihre Display-Größe dies zulässt) sehen Sie die aktuellen Wechselkurse für Bitcoin in allen relevanten Staatswährungen. Je nachdem, welche Sie hier als Standard definieren, wird Ihnen Ihr Bitcoin-Guthaben auch immer zusätzlich in Euro, Dollar oder Yen angezeigt. Zur Umrechnung wird der Durchschnitt der letzten 24 Stunden genommen. Hierzu greift die App auf die Daten von *www.bitcoinaverage.com* zu.

Rechts daneben ist die Liste Ihrer ein- und ausgehenden Transaktionen zu finden. Um die Leere hier zu füllen, können Sie sich (außer einfach etwas an Ihre Adresse zu schicken oder schicken zu lassen) auch des Knopfes »Bitcoins anfordern« (der Pfeil nach links) aus der Menüleiste bedienen. Im folgenden Dialogfeld können Sie den anzufordernden Betrag sowohl in Bitcoin als auch in Ihrer vorher definierten Landeswährung angeben. Anschließend vergrößern Sie den hier generierten QR-Code und lassen diesen vom Sender des

Geldes scannen. Wenn Sie diesen Weg gehen, wird dem Sender nicht nur Ihre Adresse, sondern eben auch der zu zahlende Betrag mitgeteilt, so dass er die Zahlung nur noch überprüfen und mit Klick auf »Senden« bestätigen muss. Eingehende Transaktionen werden Ihnen in der Regel in wenigen Sekunden (oder auch schneller) angezeigt. Solange diese nicht vom Netzwerk bestätigt wurden, werden Sie grau statt schwarz angezeigt und die entsprechenden Bitcoins können von Ihnen noch nicht sofort wieder ausgegeben werden. Wie viele der ersten sechs Bestätigungen für eine Überweisung mittlerweile vorliegen, erkennen Sie daran, wie viele Segmente der kleinen Tortengrafik links in der Transaktionsliste die entsprechende Zahlung gerade anzeigen.

Genauso einfach ist das Versenden von Bitcoins: Ein Klick auf »Bitcoins senden« (der Pfeil nach rechts) gibt Ihnen die Möglichkeit, den Zahlbetrag und die Bitcoin-Adresse des Empfängers einzutragen oder diese Adresse mittels eines Klicks auf das Kamera-Symbol und mit der Hilfe des integrierten QR-Code-Scanners einzulesen. Wenn im QR-Code des Empfängers der Zahlbetrag bereits enthalten ist, wird Ihnen dieser auch sofort angezeigt, so dass Sie die Zahlung nur noch mit einem Klick bestätigen müssen.

In der Menüleiste finden Sie außerdem ein komfortables Adressbuch zum Abspeichern und Verwalten von Bitcoin-Adressen sowie auch das bereits erwähnte Pull-Down-Menü. Dahinter verbergen sich weitere nützliche Detailinformationen sowie Einstellungsmöglichkeiten, die aber wohl erst für den etwas fortgeschritteneren Bitcoin-Nutzer interessant werden. Der Netzwerk-Monitor zeigt Ihnen zum Beispiel, mit welchen anderen Netzwerk-Teilnehmern Sie verbunden sind und wann Sie von diesen die letzten Blockheader empfangen haben. Auch die hier angebotenen Sicherheitshinweise sollten Sie lesen und befolgen – und sollten Sie mit der Software so zufrieden sein wie ich, scheuen Sie sich nicht, auch mal auf den Knopf »Spenden« zu klicken und dem Entwickler mit einer kleinen monetären Aufmerksamkeit Ihre Dankbarkeit zu zeigen und ihn zu motivieren, die Software weiter zu entwickeln.

Erfahrene Android-Nutzer werden sich im Übrigen für das mitgelieferte Widget der Bitcoin Wallet freuen: Dieses zeigt Ihnen immer

Ihr aktuelles Bitcoin-Guthaben auf dem Desktop Ihres Telefons an und bietet Ihnen direkten Zugriff auf die Funktionen »Bitcoins empfangen«, »Bitcoins senden« und »QR-Code scannen«. Gerade durch letzteres wird die Bitcoin-Wallet zum ultimativ zeitgemäßen Zahlungserlebnis: ein Klick auf das Kamerasymbol, Empfängeradresse und Zahlbetrag prüfen und dann auf »Senden« klicken. Es sind gerade mal zwei Klicks erforderlich, um eine digitale Zahlung in Sekundenschnelle an einen beliebigen Ort auf dem Globus zu schicken.

Willkommen in der Bitcoin-Ökonomie!

Abbildung 3-4: Das Widget der Android Wallet zeigt Ihr Guthaben immer auf dem Desktop Ihres Android-Phones an und bietet komfortable Shortcuts zum Senden und Empfangen.

Interview mit Andreas Schildbach

 Andreas Schildbach ist nicht nur Entwickler der Bitcoin Wallet (für Android und Black-Berry), sondern auch von weiterer frei verfüg-barer Software wie der in Berlin beliebten App »Öffi«. Mich hat interessiert, was ihn dazu motiviert, seine Expertise dafür einzu-setzen, das Leben anderer Leute angenehmer zu machen, ohne dies in irgendeiner Weise in Rechnung stellen zu können, und darum habe ich ihn einfach mal gefragt.

Hallo Andreas! Du bist der Autor der Bitcoin Wallet für Android und BlackBerry, also der ersten mobilen App, mit der man Bitcoins senden und empfangen kann. Wie bist Du auf diese Idee gekommen, zu einem solch frühen Zeitpunkt und wann war das genau?

Ich war Ende 2010 im ROOM77 essen, nachdem ich gehört hatte, dass man dort mit Bitcoin zahlen kann. Damals hatte ich mein schweres Notebook dabei und habe es manuell ins Kneipen-WLAN eingebucht. Zur Zahlung musste ich die Bitcoin-Adresse von einem Zettel abtippen. Spätestens da war klar: Bitcoin muss auf das Handy! Handys sind immer dabei, ständig online und haben die Kamera für den QR-Code auf der richtigen Seite.

Welche Voraussetzungen waren dafür nötig?

Mein technisches Wissen über Bitcoin war auf ein paar abstrakte Konzepte beschränkt und daher kaum ausreichend. Sämtliche Bit-coin-Software war damals in C++ geschrieben, gängige Smart-phones programmiert man aber in Java. Da kam es wie ein Geschenk vom Himmel, als Mike Hearn einige Wochen später »bitcoinj«, ein Java-Bitcoin-Framework, veröffentlichte. Noch in der selben Nacht erschien die erste funktionsfähige Version von Bitcoin Wallet.

Mittlerweile gibt es viele mobile Apps und auch jede Menge Web-Wal-lets, was unterscheidet deine Wallet von den anderen und warum wür-dest du sie meinen Lesern empfehlen?

Bitcoin Wallet bleibt dem wichtigsten Prinzip von Bitcoin treu, der Dezentralisierung des Geldes. Daher benötigt es keinen Server, kei-nen Account, kein Login. →

Der Vorteil für die User: volle Kontrolle und volle Sicherheit! Außerdem ist die App Open Source und freie Software, so dass jedermann sich von der korrekten Funktion selbst überzeugen kann. Viele der anderen Apps und erst recht die Web-Wallets benötigen eine Verbindung zum Server des Anbieters. Falls dieser aus dem Geschäft scheidet oder auf dumme Gedanken kommt, wird es für den Nutzer schwierig, seine Bitcoins »abzuheben«.

Für wen hast die Bitcoin-Wallet gebaut?

Die App soll möglichst einfach zu nutzen sein. Die Zielgruppe ist »der normale Nutzer« ohne tiefere technische Kenntnisse. Kämen meine Großeltern damit zurecht? Daran müssen sich alle potentiellen Features messen.

Welche weiteren Pläne hast Du für die Wallet? Wohin sollte sie sich entwickeln?

Der nach außen sichtbare Funktionsumfang ist weitgehend komplett. Die nächsten Monate werde ich weiter an einer Verbesserung der Sicherheit arbeiten, zum Beispiel an einer zusätzlichen Absicherung der privaten Schlüssel. Auch der Datenschutz soll weiter verbessert und die Nutzung noch einfacher werden. Grob zusammengefasst: Evolution statt Revolution.

Die Wallet ist freie Software, d.h. kostenlos. Wie viel Deiner Lebenszeit verwendest Du darauf, Dinge zu produzieren, die du dann verschenkst und warum?

Das klingt so, als würde ich meine Lebenszeit verschenken! Stattdessen investiere ich in eine der wichtigsten Entwicklungen der Menschheit. Bitcoin wird nicht nur unser Geldwesen umkrempeln, sondern liefert zugleich die Lösung für eine ganze Reihe grundsätzlicher technischer Probleme, die viele Wissenschaftler für unlösbar gewähnt haben. So eine Gelegenheit bietet sich nur einmal im Leben!

Easywallet

Der einfachste und schnellste Weg, Bitcoin auf alle Endgeräten Ihrer Wahl zu nutzen, auf denen Ihnen zumindest ein SSL-fähiger Webbrowser (SSL ist ein sicheres Übertragungsprotokoll fürs Internet) und eine Internetverbindung zur Verfügung steht, ist die Easywallet (ein frühes Projekt von Jeremias Kangas, dem Gründer von localbitcoins.com). Sie eignet sich hervorragend bei kleinen Beträgen wie die, die man zum Abendessen bezahlen muss, oder auch ganz wunderbar für Anfänger, die mal eben auf die Schnelle in Bitcoin einsteigen, also wenn Sie z.B. jemandem Bitoins zukommen lassen möchten, der sich bislang keine Wallet eingerichtet hat.

Bei der Easywallet handelt es sich eigentlich nur um eine Webseite ohne irgendwelche Sicherungsmechanismen für Ihr Geld, außer einer speziell für Sie generierten und für andere wirklich schwer zu erratenden URL. Denken Sie daran, dass Sie bei einer solchen Webwallet nicht über die Kontrolle der privaten Schlüssel für die Bitcoins verfügen, die Sie dort aufbewahren, und dass jeder, der diese URL kennt, Ihre dort hinterlegten Bitcoins ausgeben kann.

Abbildung 3-5: Wenn Sie einfach www.easywallet.org im Webbrowser aufrufen, haben Sie eine sofort funktionsfähige Bitcoin Wallet.

Rufen Sie *www.easywallet.org* in Ihrem Webbrowser auf und stellen Sie sicher, dass Ihre Verbindung SSL-verschlüsselt ist. Der

Easywallet-Server erstellt nun eine eindeutige URL, die nur Sie kennen. Da unter dieser URL alle Bitcoins gespeichert werden, die Sie an Ihre Easywallet-Adresse schicken, müssen Sie sicherstellen, dass Sie diese URL nicht verlieren. Das tun Sie, indem Sie ein Bookmark setzen, den Link irgendwohin kopieren oder ihn sich zusätzlich noch per (vorzugsweise verschlüsselter) Email schicken. Eine weitere sehr sinnvolle Sicherungseinstellung von Easywallet finden Sie unter »Settings«, nämlich den »Dead Mans Switch«. Hier können Sie eine Bitcoin-Adresse (zum Beispiel die Ihres heimischen Bitcoin Kern) angeben, an die Ihr Bitcoin-Guthaben geschickt wird, wenn die Wallet für einen bestimmten, von Ihnen definierbaren Zeitraum, nicht genutzt wurde.

Beim ersten Aufruf der Easywallet erhalten Sie weiterhin erst einmal Hinweise, welchen QR-Code-Scanner Sie installieren sollten. Gerade um auf mobilen Endgeräten Bitcoin zu nutzen, ist dieser ziemlich unverzichtbar, deshalb besuchen Sie schnell Ihren Android-, BlackBerry- oder Apple-Appstore und installieren Sie die entsprechende App, falls Sie sie nicht bereits installiert haben. Somit ist Ihre Easywallet bereits einsatzbereit und zeigt Ihnen zunächst einmal Ihr hier vorhandenes Guthaben unter »Your wallet ballance« an.

Um Bitcoins an Ihre neue Wallet zu senden, nutzen Sie die Adresse, die unter »Receive Payments« angezeigt wird, die Sie im Übrigen zum Scannen bei Transaktionen mit anderen mobilen Endgeräten auch sehr komfortabel als QR-Code anzeigen lassen können. Sie können in den QR-Code auch den zu zahlenden Betrag integrieren, indem Sie diesen in das Feld für den anzufordernden Betrag eingeben und dann auf »Generate QR Code!« klicken. Wenn Sie eine Transaktion an diese Adresse empfangen, wird sie in der Regel innerhalb weniger Sekunden (klicken Sie mal auf »Reload«!) als »Unconfirmed transaction« angezeigt, und nach Eingang einiger Bestätigungen aus dem Netz wird aus dem unbestätigten Betrag ein Betrag, den Sie ausgeben können.

Dazu kopieren Sie wiederum einfach die Empfängeradresse in das entsprechende Feld unter »Send payment« oder scannen Sie den QR-Code, den der Empfänger Ihnen anzeigt, kontrollieren Sie dann noch einmal den zu zahlenden Betrag und die Empfängeradresse mit Ihren eigenen Augen und klicken Sie abschließend auf »Send«.

Trezor Hardware Wallet

Beim Trezor »Bitcoin Safe« handelt es sich um die erste auf dem Markt verfügbare Hardware Wallet, der bestimmt noch viele weitere ähnliche Produkte folgen werden. Das Gerät überzeugt durch Sicherheit und Funktionalität auch und gerade für den technisch weniger interessierten Bitcoin-Nutzer, der den Aufwand für die persönliche Verwaltung seiner Coins überschaubar halten möchte, aber trotzdem hohe Ansprüche an Sicherheit stellt. Die auf dem Trezor eingesetzte proprietäre Software ist Open Source. Auch die Baupläne für das Gerät sind frei zugänglich, so dass jeder den Trezor nicht nur auditieren, sondern auch nachbauen kann. Der einzige Nachteil an einem Trezor ist tatsächlich der, dass Hardware zwangsläufig zwar frei kopierbar ist, aber nicht umsonst hergestellt werden kann, also Geld kostet. Somit stellt der Trezor die einzige Produktempfehlung in diesem Buch dar.

Für unsere Step-by-Step-Anleitung möchte ich den Trezor (»First Edition« geliefert 03/2014) in Kombination mit der entsprechenden Webwallet (*www.mytrezor.com*) aufsetzen. Die Webwallet hat den Vorteil, dass sie an jedem Ort der Welt zur Verfügung steht, an dem Sie Zugriff auf einen Webbrowser haben und die Berechtigung besitzen, für diesen Plugins zu installieren (Sie können den Trezor allerdings auch mit der Software-Wallet Ihrer Wahl betreiben). Ob der Rechner, auf dem Sie Ihren Trezor einsetzen, von Viren befallen oder anderweitig kompromittiert ist, kann Ihnen in diesem Fall egal sein – die auf Ihrem Trezor generierten privaten Schlüssel zu Ihren Bitcoins werden niemals das Gerät in digitaler Form verlassen. Der Trezor kann aber noch mehr, als nur Ihre privaten Schlüssel zu speichern: Er ist in der Lage, von der kooperierenden Wallet ein Transaktions-Template (z.B. ein Überweisungsformular) zu empfangen, die entsprechende Transaktion zu signieren (sofern Sie dies tun möchten) und die Signatur an die anfordernde kooperierende Wallet zurückzugeben, so dass diese die Transaktion im Bitcoin-Netzwerk publizieren kann.

Das vorliegende Gerät ist gerade mal so groß wie ein kleiner iPod, besitzt einen USB-Anschluss, ein kleines, aber hochauflösendes Display und nur zwei Knöpfe.

Nachdem Sie Ihren Trezor ausgepackt haben (wobei Sie darauf achten sollten, dass die Versiegelung der Verpackung nicht schon vorher beschädigt wurde, um sicherzustellen, dass Sie auch ein Original-Produkt vorliegen haben, das niemand auf dem Postweg mit eigener Software ausgestattet hat) schließen Sie diesen mit Hilfe des beiliegenden USB-Kabels an Ihren Rechner an. Rufen Sie im Webbrowser Ihrer Wahl nun die Seite *www.mytrezor.com* auf und achten Sie dabei darauf, dass eine verschlüsselte Verbindung hergestellt wurde (also ein https:// vor der Webadresse angeführt ist). Der Trezor-Server erkennt nun, ob Sie das zum Betrieb der Hardware benötigte Plugin bereits installiert haben und schlägt Ihnen andernfalls vor, dies nachzuholen.

Wenn Sie das getan haben und die Seite erneut aufrufen, wird das neue Gerät bereits erkannt und Sie können sich Ihre Wallet darauf einrichten. Wenn Sie hierzu auf »Wallet« in der Menüleiste der Webseite klicken, werden Ihnen einige Optionen angeboten und Fragen gestellt.

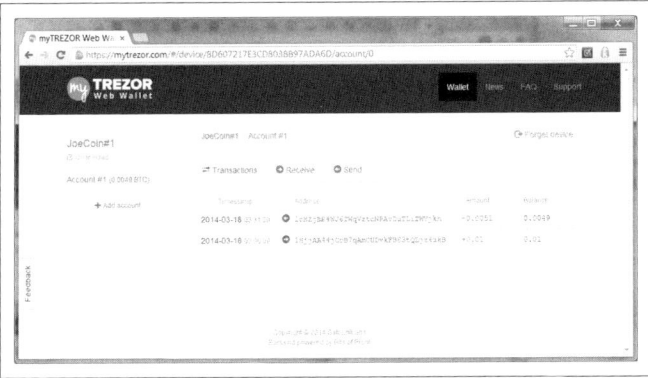

Abbildung 3-6: Nach Installation des Browser-Plugins erkennt die Seite www.mytrezor.com sofort, ob und welche Hardware Wallet mit dem Computer verbunden ist. Zuerst können Sie dem neuen Endgerät einen Namen geben, der fortan auf seinem Display angezeigt wird, sobald der Trezor mit einer Wallet verbunden wird.

Im nächsten Schritt können Sie zwischen 12, 18 und 24 Wörtern zur Erstellung Ihres Backups wählen. 12 sind definitiv ausreichend, Sie können aber natürlich auch noch mehr Entropie nutzen, um Ihre Wallet abzusichern.

Als Nächstes erwartet der Trezor von Ihnen die Festlegung einer PIN, die er im Anschluss jedes Mal abfragt, wenn Sie ihn nutzen möchten. Mangels Tasten am Trezor selbst muss diese natürlich am Computer, an dem Sie den Trezor betreiben, eingegeben werden. Da dies mit einem Sicherheitsrisiko verbunden ist (der Rechner könnte mit einem Keylogger infiziert sein, also einer Software, die Tastatureingaben oder auch die Positionierung von Mausklicks speichert), haben die Macher von Trezor sich hierfür ein etwas umständliches, aber sicheres Verfahren einfallen lassen:

Auf Ihrem Computer-Bildschirm sehen Sie ein typisches Zahlenfeld – nur ohne Zahlen. Auf dem Bildschirm des Trezor selbst wird ebenfalls ein typisches Tastatur-Zahlenfeld angezeigt – allerdings mit den Zahlen an ganz willkürlichen und ungewöhnlichen Positionen. Wenn Sie nun Ihre PIN festlegen möchten, klicken Sie auf dem Zahlenfeld auf Ihrem Computer-Bildschirm jeweils auf den unbeschrifteten Knopf, der auf dem Displays Ihres Trezors mit der entsprechenden Zahl belegt ist. Der Trezor wird Ihnen von nun an jedes Mal, wenn Sie nach Ihrer PIN gefragt werden, ein neues und immer willkürlich nach dem Zufallsprinzip zusammengewürfeltes Zahlenfeld präsentieren. Da Sie bei jeder Eingabe Ihrer PIN auf andere Stellen Ihres Computer-Bildschirms klicken, kann niemand, der den von Ihnen benutzten Rechner überwacht, Ihre PIN auslesen.

Optional bietet Ihnen der Trezor nun noch die Einrichtung eines Passwortes für Ihre mytrezor-Wallet an. Als zusätzliche Sicherheitsebene empfehle ich, diese Option in Anspruch zu nehmen und dabei ein sicheres Passwort (siehe Kasten »Sichere Passwörter«) zu wählen. Nun verfügt das Gerät über alle Informationen, die es braucht, um Ihnen Ihre Wallet einzurichten, aber umgekehrt will es Ihnen noch etwas mitteilen: den Seed für Ihr Backup.

Trezor arbeitet mit sogenannten HD-Wallets (HD steht in diesem Falle anders als bei Ihrem Fernseher für »hierarchisch-deterministische« Wallets). Diese können mit einem sogenannten »Seed« (dem Samenkorn), der aus einer Anzahl willkürlich gewählter Wörter besteht, den oder die privaten Schlüssel für Ihre Wallet(s) generieren. Je nachdem, wie viele Worte Sie eingangs bei der Frage nach der Höhe der Sicherheit (ja, 12 sind genug) angegeben haben, werden Ihnen nun auf dem Display des Trezor selbst 12 bis 24 nicht zusammenhängende Wörter nacheinander angezeigt. Bitte notieren Sie sich diese Wörter handschriftlich eines nach dem anderen auf einem Stück Papier. Sobald Sie eines notiert haben, bestätigen Sie dies mit Knopfdruck auf dem Endgerät, um das nächste Wort zu erhalten. Handschriftlich deshalb, weil nur wenn Ihr Seed nirgendwo und zu keiner Zeit jemals digital auf irgendeinem Speichermedium auffindbar ist, ihn auch niemals irgendein Hacker hacken kann. Dieser Seed ist Ihr Backup und diesen Seed benötigen Sie, um bei Verlust oder Diebstahl Ihres Trezors wieder an Ihre Bitcoins zu gelangen. Wenn Sie Ihren Trezor und Ihren Seed gleichzeitig verlieren, wird niemals wieder irgendjemand auf Ihre Bitcoins zugreifen können, Sie selbst auch nicht. Da es sich hier um einen äußerst wichtigen Arbeitsschritt handelt, wird Ihr Trezor Ihnen nun die gewählten Wörter noch einmal nacheinander anzeigen, damit Sie die Möglichkeit haben, seine Liste mit Ihrer handschriftlichen abzugleichen. Tun Sie dies sehr gewissenhaft und bestätigen Sie dem Trezor per Knopfdruck die einzelnen Bestandteile Ihres Seeds.

Ihre Trezor-unterstützte Web-Wallet ist nun eingerichtet und Sie können sofort damit beginnen, Bitcoins zu empfangen und zu versenden. Rufen Sie dazu die myTREZOR-Webseite auf, während Ihr Endgerät an Ihren Computer angeschlossen ist. Die Webseite fordert Sie nun auf, Ihr Passwort einzugeben (sofern Sie denn eines definiert haben), und zeigt Ihnen dann sofort Ihre Wallet an.

Um Bitcoins zu empfangen, nutzen Sie einfach die unter »Receive« angezeigte Adresse (die Sie auch hier als QR-Code anzeigen lassen und komfortabel mit einem Mobiltelefon scannen können) oder generieren Sie sich beliebig viele neue Empfangsadressen. Um Bitcoins zu verschicken, klicken Sie auf »Send« in der Menüleiste, tragen Sie die Empfängeradresse und den zu zahlenden Betrag ein und klicken Sie auf den »Send«-Button.

Sie können sich hier und jetzt nicht nur beliebig viele verschiedene Adressen generieren, sondern aufgrund der Implementierung von hierarchisch-deterministischen Wallets auch so viele »Accounts« anlegen, wie Sie möchten. »Accounts« sind in diesem Falle verschiedene, adresstechnisch voneinander separierte Wallets, die jedoch alle gemeinsam auf dem gleichen Seed beruhen.

Das bedeutet, dass egal an wie viele verschiedenen Adressen (von so vielen mytrezor-Accounts wie Sie anlegen möchten) Ihnen Bitcoins auch geschickt wurden, Sie auf all diese Adressen mit Hilfe Ihres Backup-Seeds immer wieder Zugriff erlangen können.

Breadwallet für iPhone

Abschließend möchte ich eine Wallet für Nutzer von iPhones vorstellen, nicht zuletzt auch deshalb, weil Apple sich erst gerade im Frühsommer 2014 entschieden hat, Apps zum Verwalten von Bitcoins im Apple App Store überhaupt zuzulassen. Die vorherigen Jahre waren für iPhone-Nutzer, die Bitcoin nutzen wollten, mit einigen herben Enttäuschungen verbunden. Der Konzern hatte nämlich – aus welchen Gründen auch immer und gegen den ausdrücklichen Wunsch vieler Bitcoin-Nutzer – eine strikte Anti-Bitcoin-Politik verfolgt und entsprechende Apps immer umgehend aus dem App Store entfernt, um zu verhindern, dass Kunden das neue Geld nutzen können. Apple ist jedoch auch schon lange dafür bekannt, die Inhalte und Funktionen, die den Nutzern bereitgestellt werden, massiv zu zensieren. So darf es auf Apple-Geräten zum Beispiel keine politische Satire und keine nackte Haut geben. Begründet hatte dies Steve Jobs, der Gründer von Apple, einem Journalisten gegenüber damit, dass er seinen Kunden »Freiheit von inadäquaten Inhalten« bieten wolle.

Ein Weltkonzern wie Apple gegen eine kleine, eingeschworene Open-Source-Gemeinde: Da scheint erst einmal klar zu sein, wer den Kürzeren zieht. Aber Apple hatte sich in Bezug auf das Bedürfnis seiner Kunden, selbst entscheiden zu wollen, ob sie Bitcoin nutzen möchten, getäuscht. Als die Kritik an der Vorgehensweise des Konzerns immer lauter wurde, nachdem Bitcoin-Nutzer Wettbewerbe veranstalteten und die kreativsten Satiren der von Apple gefahrenen Werbekampagnen (ironischerweise wirbt der Konzern gerne mit dem Wert »Freiheit«) prämierten, spätestens jedoch, als Tausende von Apple-Nutzern öffentlich ihre iPhones zerstörten, um auf Android-Smartphones umzusteigen, knickte der Konzern ein und erlaubt seinen Nutzern nunmehr auch, Bitcoin-Wallets zu installieren und zu nutzen.

Ich habe mir einige angesehen und möchte hier kurz auf die Breadwallet eingehen. Die Breadwallet ist Open Source, wie sich das in der Bitcoin-Welt gehört, aber auch hier müssen Apple-Nutzer mit einer Einschränkung leben. Die Nutzer von iPhones und iPads dürfen nämlich ausschließlich Closed-Source-Anwendungen aus dem Apple App Store installieren. Das heißt, der auditierbare Quelltext einer Anwendung ist zwar irgendwo im Netz öffentlich einsehbar, der Apple-Nutzer kann sich aber nie sicher sein, dass die Anwendung, die er installiert, auch genau auf diesem auditierbaren Quelltext beruht. Ein Anbieter kann also theoretisch (und auch praktisch) dafür sorgen, dass die Anwendung, die Sie installieren, andere oder weitere Funktionen beinhaltet als die, die öffentlich einsehbar sind. Da es sich bei Bitcoin-Anwendungen um Ihr Geld handelt und nicht nur um Ihre Urlaubsfotos oder sozialen Kontakte, ist dies eine sehr unschöne Situation, aber Apple-Nutzer müssen damit leben.

Suchen Sie im App Store nach der App »breadwallet« und installieren Sie diese.

Öffnen Sie die App, klicken Sie auf »new wallet« und dann auf »generate backup phrase«. Ihnen werden nun 12 Wörter angezeigt, die das Backup, den sogenannten »Seed« Ihrer neuen Wallet darstellen. Notieren Sie sich diesen Seed unbedingt: Wenn Sie Ihr Mobiltelefon verlieren oder es Ihnen gestohlen wird, haben Sie so auf Ihrem neuen Mobiltelefon oder auf einem anderen Rechner die Möglichkeit, Ihre Wallet zu re-generieren, und damit wieder Zugriff auf Ihre Bitcoins. Entsprechend sollte klar sein, dass niemand diesen Seed zu sehen bekommt (sonst hat er auch Zugriff auf Ihre Wallet) und dass Sie den Seed an einem anderen Ort als auf Ihrem

Mobiltelefon sichern (sonst ist er auch weg, wenn Ihr Telefon verloren geht).

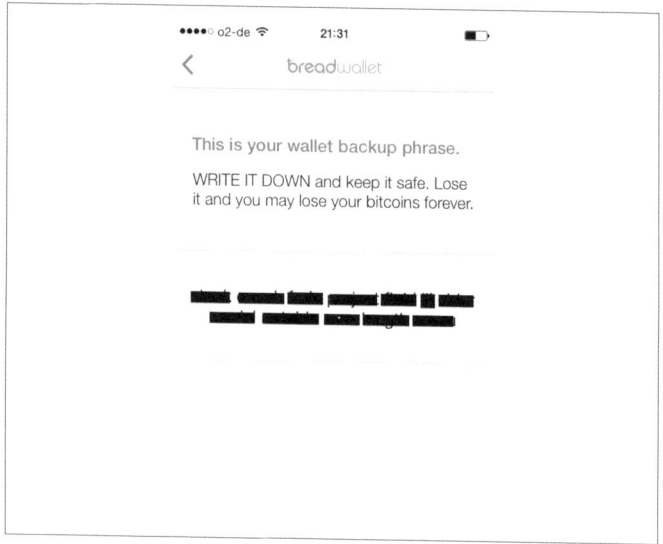

Abbildung 3-7: Mit dem Backup Seed Ihrer Breadwallet sichern Sie Ihr Bitcoin-Guthaben. Bitte heben Sie diesen gut auf und lassen Sie ihn niemanden wissen!

Nachdem Sie den Seed notiert haben, klicken Sie einfach auf das Display und Sie befinden sich auf dem Startbildschirm der Breadwallet. Hier sehen Sie Ihr Bitcoin-Guthaben und Ihre Bitcoin-Adresse sowohl in Klartext als auch als QR-Code. Wenn Ihnen Geld an Ihre Wallet gesendet werden soll, schicken Sie dem Sender entweder die Bitcoin-Adresse (per Email, SMS oder auf anderem Wege) oder lassen Sie ihn den QR-Code scannen. Eine sehr schöne Funktion der Breadwallet besteht darin, dass Sie zu jedem Bildschirmelement eine kurze Erläuterung erhalten, wenn Sie darauf klicken.

Wenn Sie nun über ein Guthaben verfügen und eine Zahlung tätigen möchten, schalten Sie durch einen Klick auf die beiden Navigationspunkte am unteren Bildschirmrand in den »Send«-Modus um. Hier können Sie die Empfangsadresse entweder aus Ihrer Zwischenablage in das Feld »copy address from clipboard« einfügen (die Breadwallet nimmt hier ausschließlich gültige Bitcoin-Adressen an) oder sie mit Hilfe des QR-Code-Readers einscannen.

Geben Sie den gewünschten Betrag ein, klicken Sie auf den »pay«-Button rechts oben auf dem Bildschirm und bestätigen Sie die Zahlung nochmals, nachdem Sie den Zahlbetrag kontrolliert haben.

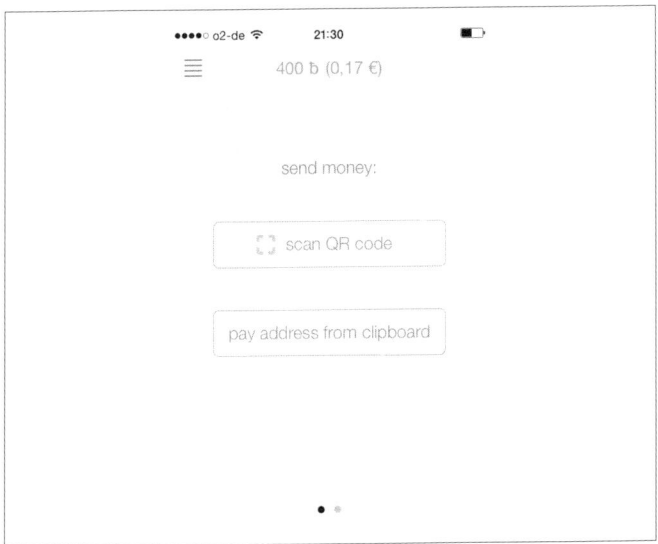

Abbildung 3-8: Die Breadwallet ist der einfachste und schnellste Weg, Geld zu verschicken, seit es Apple-Computer gibt.

Das war's auch schon. Bei der Breadwallet handelt es sich, wie für Apple typisch, um eine sehr einfach und intuitiv zu bedienende Wallet. Wenn Sie auf die Menüleiste links oben auf dem Bildschirm klicken, finden Sie Ihre Transaktionshistorie und einige weitere Funktionen. Hier können Sie zum Beispiel weitere private Schlüssel anderer Bitcoin-Adressen zu Ihrer Wallet hinzufügen oder oder eine neue Wallet anlegen.

Willkommen in der Bitcoin-Ökonomie, die mittlerweile auch Apple-Nutzern offen steht!

Ich denke, wir haben in diesem Kapitel für jeden Bedarf eine passende Wallet vorgestellt. Für welche Wallet Sie sich auch immer entschieden haben, Sie sind nun bereit, Bitcoins zu empfangen, zu verwalten und zu versenden. Wo und wie Sie diese erhalten, erfahren Sie im nächsten Kapitel.

KAPITEL 4

Bitcoins kaufen

Woher nehmen und nicht stehlen?

Wie wir gesehen haben, ist es ziemlich schwierig, ordentlich gesicherte Bitcoins zu stehlen. Wenn Sie also entsprechenden Bedarf haben, müssen Sie sich diese zwangsläufig auf anderem Wege beschaffen. Die entsprechenden Möglichkeiten möchte ich im vorliegenden Kapitel näher erläutern.

Die naheliegendste Art und Weise ist natürlich die, eigene Produkte und Dienstleistungen gegen Bezahlung in Bitcoins anzubieten. Fragen Sie Ihren Arbeitgeber, ob er Ihnen nicht Ihr Netto-Gehalt oder einen Teil davon in Bitcoin auszahlen möchte. Wenn Sie selbständig sind und sich mit dem Gedanken tragen, Bitcoin als Zahlungsmöglichkeit in Ihrem Ladengeschäft oder Webshop zu akzeptieren, lesen Sie bitte unbedingt das Kapitel 7, »Bitcoin für Gewerbetreibende«.

Als alternative Möglichkeit, an Bitcoins zu gelangen, bleibt dann noch der Weg, über den man sich auch jede andere Währung beschaffen kann: Sie können sie kaufen. Dies lässt sich komplett online erledigen, indem Sie sich bei einem Online-Marktplatz (beispielsweise bitcoin.de) oder einer Online-Exchange registrieren und dort Ihre Käufe und Verkäufe erledigen, so wie Sie es vom Online-Banking und von der Online-Portfolio-Verwaltung her kennen. Der Unterschied zwischen einem Online-Marktplatz und einer Online-Exchange ist einfach, aber signifikant: ein Marktplatz ist dafür gedacht, dass individuelle Käufer und Verkäufer sich finden und miteinander Geschäfte abwickeln können. In diesem Fall überweisen Sie also die Euro, die Sie als Preis mit dem Verkäufer vereinbart haben, direkt auf dessen Konto, nachdem Sie den Handel vereinbart (den Vertrag über den Verkauf geschlossen) haben. Im Gegensatz dazu müssen Sie bei einer Exchange (»Wechselstube«) erst staatliches Geld an den Betreiber der Exchange überweisen, so dass Ihnen dieses Geld dann dort permanent zur Verfügung steht, um jederzeit zu dem aktuell auf dieser Exchange gehandelten Preis Bitcoins kaufen zu können (ohne zu wissen, von welchem oder welchen Nutzer/n diese Coins verkauft wurden), die dann auch direkt Ihrem Konto auf dieser Exchange gutgeschrieben werden.

Sie können aber auch persönlich Bitcoins gegen Euro tauschen, indem Sie sich physisch mit einem entsprechenden Käufer oder Verkäufer treffen, den Sie entweder über Ihren Bekanntenkreis oder auf einem lokalen Bitcoin-Treffen in Ihrer Gegend kennengelernt haben. In jeder größeren Stadt finden heutzutage regelmäßig offene Bitcoin-Stammtische oder -Treffen statt, wo und wann erfahren Sie im Internet. Wenn Sie sich näher für Bitcoin interessieren, werden Sie dort erfahrungsgemäß jede Menge netter, kompetenter und hilfsbereiter Bitcoin-Enthusiasten treffen, die Ihnen nicht nur Ihre Fragen beantworten können, sondern Ihnen sicherlich auch Bitcoin für ein paar Euro überlassen, damit Sie einen leichten Einstieg und genug Spielgeld zum Ausprobieren haben. Ansonsten finden Sie auch über die Plattform localbitcoins.com leicht einen Handelspartner in Ihrer Stadt.

Die beiden genannten Plattformen möchte ich hier kurz vorstellen.

www.bitcoin.de

Bitcoin.de wurde ins Leben gerufen von Oliver Flaskämper, einem bereits vor der Entstehung von Bitcoin deutschlandweit bekannten Unternehmer. Ebenso bekannt ist die Fidor-Bank (*www.fidor.de*), mit der bitcoin.de eine strategische Partnerschaft eingegangen ist, die bitcoin.de heute die Sicherheit einer national registrierten und lizenzierten Bank bietet und damit einhergehend höchstmöglichen Schutz für den Nutzer bringt. Bei Bitcoin.de handelt es sich um einen Marktplatz, das bedeutet, dass hier Geschäfte zwischen Nutzern vermittelt und moderiert werden. Die gehandelten Bitcoins werden von der Plattform treuhänderisch verwaltet und dem Käufer erst gutgeschrieben, wenn der Verkäufer den Eingang der Kaufsumme auf seinem Bankkonto bestätigt.

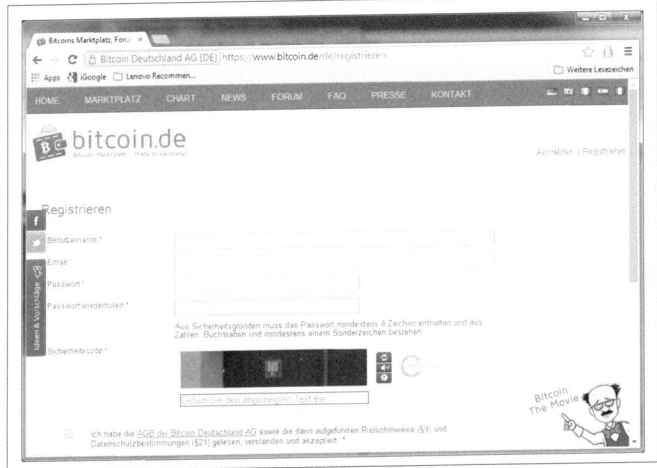

Abbildung 4-1: Der Anmeldeprozess bei bitcoin.de

Um bitcoin.de zu nutzen, müssen Sie sich dort zunächst kostenfrei ein Kundenkonto einrichten. Dies können Sie in wenigen Schritten erledigen, indem Sie *www.bitcoin.de* aufrufen, auf »Registrieren« klicken, den Anweisungen auf dem Bildschirm folgend einen Nutzernamen und ein Passwort wählen und Ihre (gültige) Email-Adresse angeben. An diese Email-Adresse wird Ihnen von bitcoin.de augenblicklich eine entsprechende Mail zur Verifizierung geschickt, um zu prüfen, ob diese Adresse auch tatsächlich existiert. Klicken Sie auf den in der Mail aufgeführten persönlichen Verifizierungslink und schon ist Ihr Konto eröffnet und Sie können sich als registrierter Nutzer einloggen. Aus Sicherheitsgründen wird bitcoin.de Ihnen nun bei jedem Login-Versuch eine Login-TAN an Ihre Email-Adresse schicken, um sicherzustellen, dass sich niemand anderes in Ihr Konto einloggen kann. Wenn Sie also keinen Zugriff auf Ihre Mails haben, können Sie sich auch nicht bei bitcoin.de einloggen.

Nach Ihrem ersten Login werden Sie aufgefordert, Ihre persönlichen Daten einzugeben, einschließlich Ihrer Mobiltelefonnummer. Bitcoin.de benötigt diese Daten, um sicherzustellen, dass sich hier auch ein echter Nutzer registriert. So müssen die Daten, die Sie hier eingeben, auch mit denen des Kontoinhabers übereinstimmen, dessen Konto Sie später für Ihre Käufe und Verkäufe auf der Plattform nutzen möchten, was von bitcoin.de auch geprüft wird. Das trifft auch auf die hier anzugebende Mobiltelefon-Nummer zu, da diese sowohl dazu genutzt wird, die Echtheit Ihrer Identität zu prüfen als auch von Ihnen später zur Zwei-Wege-Authentifizierung (2FA) verwendet werden sollte.

Ihre initiale Anmeldung ist nun abgeschlossen. Zur Verifizierung Ihrer Telefonnummer klicken Sie einfach auf den entsprechenden Link auf dem Startbildschirm von bitcoin.de. Ihnen wird per SMS ein Freischaltcode zugesandt, den Sie wiederum bei bitcoin.de eingeben, um zu beweisen, dass Sie Inhaber der Telefonnummer sind, die hier angegeben wurde. Dies ist auch ein guter Zeitpunkt, um die erwähnte 2FA, also die Zwei-Wege-Authentifizierung einzurichten. Unter Ihren persönlichen Einstellungen finden Sie hier im Übrigen weitere Sicherheitsvorkehrungen, die Sie aktivieren und in Anspruch nehmen können. So können Sie zum Beispiel definieren, aus welchen Ländern (oder welchen nicht) ein Einloggen in Ihren Account möglich sein soll (was allerdings nur Sinn macht, wenn Sie tatsächlich mit Ihrer echten IP surfen, also zum Beispiel kein VPN nutzen).

Im nächsten Schritt legen Sie Ihr Bankkonto für Überweisungen an und von anderen Nutzern an und verifizieren dieses. Sie können an dieser Stelle auch kostenfrei ein neues Konto bei der mit bitcoin.de kooperierenden Fidor-Bank anlegen, wir gehen aber in unserem Beispiel davon aus, dass Sie bereits ein Giro-Konto haben und dieses hier auch nutzen möchten.

Geben Sie also unter Ihren persönlichen Einstellungen Ihre Bankdaten an und klicken Sie auf »Speichern und Verifizierung einleiten«.

Sie werden nun weitergeleitet zu der Firma SOFORT, einem renommierten deutschen Zahlungsdienstleister, der mit fast allen deutschen Banken zusammenarbeitet und somit sehr schnell verifizieren kann, ob Sie auch der Inhaber des angegebenen Bankkontos sind. Hierzu wird zunächst die PIN Ihres Online-Kontos abgefragt und bei der betreffenden Bank abgeglichen. Wenn die PIN korrekt ist, bittet SOFORT um die Erlaubnis, einen kleinen Betrag (zwischen 11 und 30 Cent) von Ihrem Konto abzubuchen, was Sie durch Eingabe Ihrer TAN bestätigen müssen. Nach der Abbuchung ist Ihr Bankkonto auch »sofort« verifiziert.

Falls Sie Bedenken haben, Ihre PIN und Ihre TAN auf der Seite eines Drittanbieters anzugeben oder Ihre Bank keine Kooperation mit SOFORT eingegangen ist, können Sie alternativ direkt über bitcoin. de den folgenden, etwas zeitaufwändigeren Weg beschreiten. Klicken Sie auf »Kontakt mit bitcoin.de aufnehmen« und teilen Sie dem dortigen Support-Team mit, dass Sie SOFORT nicht in Anspruch nehmen möchten. Diese Option steht allerdings nur Nutzern zur Verfügung, die mit Hilfe des PostIdent-Verfahrens (siehe unten) vollständig authentifiziert sind. Nun benötigen Sie allerdings noch ein wenig Geduld, denn wie wir wissen, funktioniert unser altes Finanzsystem lange nicht so effizient und schnell wie das neue, in das Sie sich gerade einlesen. Bitcoin.de wird nun nämlich eine Überweisung an Ihr Bankkonto veranlassen (leider nur über 0,01 EUR) und im Verwendungszweck dieser Überweisung einen Freischaltcode übertragen. Diesen wiederum geben Sie, sofern die Bank-Überweisung denn endlich angekommen ist, unter Ihren persönlichen Einstellungen ein und klicken dann auf »Account für Käufe freischalten«.

Sie können nun bereits beginnen, Bitcoins zu kaufen und zu verkaufen, wenn auch nur in beschränktem Umfang: bitcoin.de operiert mit mehreren Verifizierungs- und Vertrauensleveln und als neuer Nutzer ohne Post-Ident-Verifizierung ist Ihr Handelsvolumen (Summe aus Käufen und Verkäufen) auf 2.500 EUR/Jahr und die maximale Höhe einer einzelnen Transaktion auf 1.000 EUR beschränkt. Wenn Sie also größere Summen auf bitcoin.de kaufen oder verkaufen möchten, müssen Sie sich noch dem PostIdent-Verfahren unterziehen. Hierbei handelt es sich um ein Verfahren, bei dem Sie auf einem Postamt Ihren Personalausweis oder Reisepass vorzeigen müssen, um Ihre persönliche Identität über jeden Zweifel hinaus zu belegen. Wenn Sie dies tun möchten, klicken Sie in Ihren

Einstellungen auf den Link »PostIdent-Verfahren einleiten« und folgen den entsprechenden Anweisungen, während wir hier schon einmal loslegen und Bitcoins kaufen möchten.

Abbildung 4-2: Auf dem Marktplatz von www.bitcoin.de werden übersichtlich die aktuellen Kauf- und Verkaufsangebote aufgelistet.

Klicken Sie hierzu auf den Knopf »Marktplatz« in der Menüleiste von bitcoin.de. Hier finden Sie sofort die beiden Spalten »Kaufen« und »Verkaufen«, innerhalb derer aktuelle Verkaufsangebote und Kaufgesuche anderer Nutzer aufgelistet werden. Sie haben nun die Wahl, entweder selbst ein Gesuch über die von Ihnen gewünschte Menge Bitcoins zu einem von Ihnen präferierten Preis einzustellen und zu warten, dass jemand dieses Gesuch bedienen möchte, oder Sie wählen einfach eines der gelisteten Angebote aus der linken Spalte durch Klick auf »Kaufen« aus. Vorher können Sie die gelisteten Angebote nach Belieben filtern, indem Sie zum Beispiel den Höchstpreis, den Sie gewillt sind zu zahlen, oder die Mindestmenge, die Sie kaufen möchten, definieren oder auch, indem Sie die Anbieter mit Hilfe der Checkboxen nach den Ländern filtern, wo diese ihr Bankkonto haben. Nach dem Klick auf »Kaufen« gelangen Sie zu einer Seite mit Detailinformationen zu diesem Angebot sowie auch zu dem Anbieter. Hier können Sie zum Beispiel sehen, ob der Anbieter bereits positive Bewertungen von anderen Nutzern erhalten, also seine Geschäfte mit diesen vereinbarungsgemäß und zügig abgewickelt hat, und unter anderem auch, ob er durch PostIdent verifiziert wurde. Sollten Sie mit dem Angebot einverstanden sein und dieses annehmen wollen, klicken Sie auf »Jetzt kaufen«. Im nächsten Schritt wird Ihnen das Angebot noch einmal bestätigt und Sie werden zur Überweisung des Kaufpreises an die Bankverbindung des Verkäufers aufgefordert. Seien Sie an dieser Stelle nicht erstaunt darüber, dass der zu zahlende Betrag ein halbes Prozent weniger ist, als vom Verkäufer gefordert: bitcoin.de nimmt für die Inanspruchnahme der Plattform 1% Gebühren, die zwischen Käufer und Verkäufer aufgeteilt werden. Dem Verkäufer werden von Ihnen 0,5% weniger EUR überwiesen (diese behalten Sie quasi ein) und bitcoin.de schreibt Ihnen 1% weniger Bitcoins gut, als Sie eigentlich gekauft haben.

Überweisen Sie nun den geforderten Betrag und achten Sie dabei darauf, dass es sich um genau den von bitcoin.de errechneten Zahlbetrag handelt, dass Sie im Verwendungszweck Ihrer Überweisung die exakte Transaktions-ID angegeben haben und dass die Überweisung von dem von Ihnen in Ihren persönlichen Einstellungen eingetragenen und verifizierten Bankkonto stammt. Stimmen diese Angaben nicht, kann (und sollte laut Geschäftsbedingungen) der Verkäufer die Zahlung nicht anerkennen und Sie müssen sehen, wie Sie Ihr Geld von ihm wieder zurück erhalten. Der Grund hierfür liegt nicht die Detailverliebtheit des Plattformbetreibers, sondern ganz einfach in der Tatsache begründet, dass der Verkäufer sich anderenfalls nicht sicher sein kann, dass der Geldeingang auf seinem Konto nicht zum Beispiel in betrügerischer Absicht von einem gephishten Bankkonto geschickt wurde und ihm nach Versand der Bitcoins wieder abgebucht wird. Wenn Sie das Geld angewiesen haben, folgen Sie dem Link auf der Seite, auf der die Überweisungsdaten angezeigt wurden, und markieren Sie Ihre Zahlung als erledigt. Sollte dies nicht innerhalb von 60 Minuten nach Annahme des Verkaufsangebotes erfolgt sein, wird bitcoin.de den Kauf stornieren und die Bitcoins des Verkäufers (die zwischenzeitlich eingefroren und für Sie reserviert wurden) wieder für den Verkauf frei geben.

Wenn beide Parteien ein Konto bei der gleichen Onlinebank (z.B. Fidor) besitzen, erfolgt die Buchung sofort und der Verkäufer kann die Bitcoins unmittelbar in Anschluss an Sie freigeben. Befinden sich die Konten bei unterschiedlichen Banken, so muss man den Lauf der Überweisung abwarten (in solchen Momenten werden die Vorteile von Bitcoin in Bezug auf Effizienz und Geschwindigkeit immer wieder sehr deutlich erlebbar). Wenn dem Verkäufer das Geld gutgeschrieben wurde, ist er gehalten, den Erhalt umgehend auf bitcoin.de zu bestätigen, woraufhin die Plattform wiederum Ihnen per Email eine entsprechende Bestätigung schickt und Ihnen Ihre Bitcoins auf Ihrem dortigen Bitcoin-Konto gutschreibt. Mit diesen können Sie nun beliebig verfahren und sie entweder wieder online verkaufen (bei bitcoin.de beschreiten Sie dazu den eben beschriebenen Weg einfach in umgekehrter Richtung, weshalb wir diesen Vorgang hier nicht weiter erläutern möchten) oder an Ihren heimischen Bitcoin-Client versenden. Auch wenn ich persönlich *www.bitcoin.de* für eine der vertrauenswürdigsten und sichersten Exchanges und Marktplätze in der Bitcoin-Welt überhaupt halte, möchte ich an dieser Stelle anmerken, dass Ihre Bitcoins nirgendwo so sicher aufbewahrt werden können, wie in Ihrer eigenen »kalten« oder Offline-Wallet, zu deren Erstellung Sie alle erforderlichen Details im entsprechenden Kapitel dieses Buches finden.

www.localbitcoins.com

Localbitcoins wurde entwickelt von Jeremias Kangas, einem finnischen Programmierer, der seine Liebe für Bitcoin bereits 2011 entdeckt und neben Localbitcoins auch die bereits beschriebene Easywallet entwickelt hat. Es handelt sich dabei um eine Plattform, die ursprünglich dafür gedacht war, Käufer und Verkäufer zusammenzubringen, die sich am gleichen Ort aufhalten und persönlich, also von Mensch zu Mensch und gegen Bargeld Bitcoins handeln wollen, und hat sich zu einem vollständigen Online-Marktplatz entwickelt. Mittlerweile gibt es kaum noch ein Land auf der Welt, in dem Sie über localbitcoins.com keinen Handelspartner finden. Dieser direkte Handel ist nicht nur aus Gründen der Sicherheit und Anonymität bei vielen Leuten beliebt. Besonders praktisch ist er auch bei Reisen in andere Währungsräume: Statt zuhause oder vor Ort von einer Bank oder Wechselstube die erforderliche Fremdwährung zu kaufen und dabei hohe Umtauschgebühren zu zahlen und einen schlechten Kurs zu erzielen, können Sie vor Ort viel günstiger einfach Ihre Bitcoins in die Landeswährung umtauschen. Menschen, die viel reisen, können auf diese Weise viel Geld sparen. Natürlich wird dieses Verfahren obsolet, sobald überall auf der Welt von jedermann Bitcoins akzeptiert werden ;).

Rufen Sie localbitcoins.com in Ihrem Webbrowser auf und klicken Sie auf »Registrieren«. Auch an dieser Stelle möchte ich aus Sicherheitsgründen dringend empfehlen, sofort eine 2FA (Zwei-Wege-Authentifizierung) einzurichten. Localbitcoins verfolgt die Philosophie, es dem Nutzer zu überlassen, wie viel von seiner Identität er preisgeben möchte (Email, Facebook-Account, Telefonnummer). Je mehr Angaben Sie hier allerdings vornehmen und je umfangreicher Sie sie verifizieren lassen, desto mehr und bessere Angebote werden Ihnen unterbreitet werden, da die Verkäufer auf diese Weise in höherem Maße abgesichert werden. Mit der Registrierung auf der Seite wird Ihnen von localbitcoins.com auch gleich eine Webwallet eingerichtet, auf die Sie in der Kopfzeile der Anwendung permanent Zugriff haben. Erlauben Sie der Anwendung, Ihren aktuellen Standort automatisch abzurufen oder geben Sie Ihren aktuellen Standort an (respektive den, an dem Sie Bitcoins kaufen möchten) und klicken Sie auf »Bitcoins kaufen«.

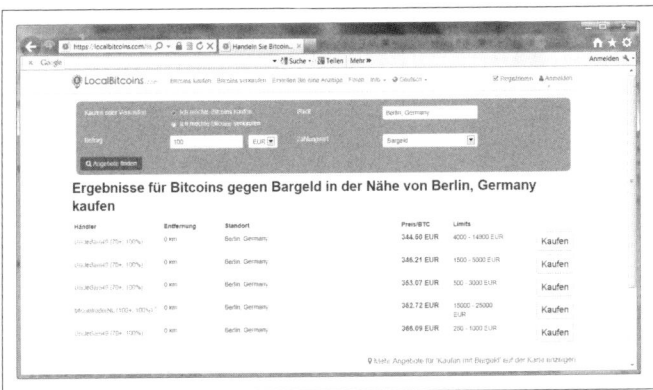

Abbildung 4-3: Auf www.localbitcoins.com können Sie Angebote nach gewünschter Zahlungsmöglichkeit und Aufenthaltsort filtern, wie hier zum Barkauf in Berlin.

Sie können jetzt zwischen zwei unterschiedlichen Optionen, Bitcoins zu kaufen, wählen: »mit Bargeld« bedeutet, Sie werden sich physisch mit dem Verkäufer treffen, um das Bargeld gegen die Bitcoins zu tauschen. Diese Option ist eigentlich das Alleinstellungsmerkmal von localbitcoins.com. Sie ist bei keiner anderen Börse zu finden. »Online« bedeutet, dass Sie dem Verkäufer den zu zahlenden Preis auf eine andere Art und Weise übermitteln. Hierfür stehen jede Menge Möglichkeiten zur Verfügung: Sepa-Überweisung, Paypal, OKPay, Postanweisung, Western Union und alle nur vorstellbaren weiteren Zahlungsmöglichkeiten.

Wir wollen uns den Ablauf eines Kaufes mit Bargeld, also bei einem persönlichen Treffen, genauer ansehen.

Wählen Sie aus der Liste der in Ihrer Stadt zur Verfügung stehenden Angebote das aus, das Sie annehmen möchten. Hierbei kommen Kriterien wie Entfernung zu Ihnen, Mindest- oder Maximalmenge, die der Anbieter verkaufen möchte, und natürlich der Preis zum Tragen. Sehr großes Augenmerk sollten Sie auf die Reputation des Verkäufers richten. Neben dem Namen des Anbieters finden Sie die Anzahl der Abschlüsse, die er bislang auf der Plattform getätigt hat, und eine Prozentzahl, die angibt, wie viele Käufer mit dem Kauf und seiner Abwicklung zufrieden waren.

Wenn Sie sich für ein Angebot entschieden haben, klicken Sie auf »kaufen«. Hier sehen Sie weitere Details zum Verkäufer bzw. die Bedingungen, die er eventuell stellt, zum Beispiel zu welchen Uhrzeiten er Treffen ausschließlich vereinbart, welche Sprachen er spricht oder ob er bestimmte Orte bevorzugt, um den Handel zu tätigen. Wenn all diese Parameter für Sie passend sind, formulieren Sie eine Anfrage dadurch, dass Sie den Betrag, den Sie kaufen möchten (in Bitcoins – BTC – oder EUR) angeben, falls gewünscht noch eine Nachricht an den Anbieter mit einfügen, und dann auf »Handelsanfrage senden« klicken.

Dem Anbieter wird nun Ihre Anfrage übermittelt. Über den internen Nachrichtendienst können Sie mit ihm nun Zeit- und Treffpunkt für den Handel vereinbaren. Hierbei wird empfohlen, ausschließlich das Chat-Modul von localbitcoins zu nutzen und dem Anbieter weder eine private Telefonnummer noch eine Email-Adresse mitzuteilen, da solche Informationen leicht für Phishing-Angriffe verwendet werden können. Es sollte auch selbstverständlich sein, dass Sie sich nicht um Mitternacht in einem Park treffen, sondern einen Ort wählen, der durch Öffentlichkeit beiden Seiten eine gewisse Sicherheit bietet. Tatsächlich werden viele solcher Transaktionen in den Schalterhallen von Banken während der entsprechenden Öffnungszeiten abgewickelt, um sich eben die Sicherheit dieser Räumlichkeiten zunutze zu machen, was einer gewissen Ironie nicht entbehrt.

Wenn Sie sich auf Ort und Zeit des Treffens geeinigt haben, sollte der Anbieter die vereinbarte Summe Bitcoin bei localbitcoins.com auf das dortige Treuhandkonto einbezahlen und damit belegen, dass er die Bitcoins tatsächlich besitzt und sie auch wirklich verkaufen will. Diese Option ist nicht zwingend, aber Sie sollten sie auf jeden Fall in Anspruch nehmen und den Verkäufer auffordern, dies auch zu tun. Natürlich können Sie sich auch ohne die Inanspruchnahme des Treuhandservice mit dem Anbieter treffen, der einzige Vorteil dabei ist jedoch der, dass der Anbieter keine Provision an localbitcoins.com zahlen muss (hier zahlt immer der die Gebühr, der eine Anzeige eingestellt hat, egal ob es sich dabei um ein Verkaufsangebot oder ein Kaufgesuch gehandelt hat), während Sie auf diese und weitere Maßnahmen zur Absicherung durch localbitcoins verzichten. Ob der Verkäufer den Betrag in das Treuhand-Konto einbezahlt hat, sehen Sie anhand des Schloss-Symbols auf der Anfrage-Seite von localbitcoins. Wenn die Summe hinterlegt ist, ist das Schloss geschlossen. Sobald dies der Fall ist, wird Ihnen auf dieser Seite ein Code zur Transaktionsverifikation mitgeteilt. Dieser Code ist nur Ihnen bekannt. Merken Sie sich ihn gut und halten Sie ihn bei Ihrem Treffen bereit.

Nachdem Sie dem Verkäufer das Bargeld übergeben und er dieses gezählt und geprüft hat, ist er gehalten, localbitcoins.com umgehend (also natürlich noch in Ihrer Anwesenheit) vom Erhalt des Kaufpreises in Kenntnis zu setzen. Er kann dies per Webbrowser direkt auf der Plattform tun oder, falls kein Internet zur Verfügung steht, indem er eine SMS mit einem Freigabe-Code (der wiederum nur ihm bekannt ist) an localbitcoins.com schickt. Auf der Platt-form werden die betreffenden Bitcoins nun vom Treuhandservice sofort und für den Verkäufer unwiderrufbar in Ihre Webwallet ver-schoben. Dem Verkäufer wird nun auch der bislang nur Ihnen bekannte Verifizierungscode zugeschickt, so dass er Ihnen diesen mitteilen kann.

Diese Vorgehensweise bietet beim persönlichen Bitcoin-Handel nicht nur eine hohe Sicherheit für beide Seiten, sondern er kann auch vollkommen unabhängig von der Infrastruktur am Ort des Treffens erfolgen. Als Käufer benötigen Sie weder einen Internetzu-gang noch ein Mobiltelefon, um sicher sein zu können, dass Sie Ihre Bitcoins vom Verkäufer auch tatsächlich erhalten haben. Ein Zettel mit dem Verifizierungscode, den Sie mit dem vom Verkäufer genannten vergleichen, ist absolut ausreichend, um sicher sein zu können, dass der Handel reibungslos stattgefunden hat und die Bit-coins sicher in Ihrem Besitz sind.

Sobald Sie wieder an einem Computer mit Internet-Verbindung sit-zen, können Sie die Coins von Ihrer Webwallet an die gewünschte Adresse schicken.

Bitcons verkaufen

Wenn Sie Ihre Bitcoins verkaufen möchten, werden Sie nach unse-rer kurzen Einführung zum Thema Beschaffung von Bitcoins auch leicht den umgekehrten Weg auf bitcoin.de oder localbitcoins.com beschreiten können. Einen wichtigen Hinweis möchte ich dazu an dieser Stelle aber noch geben:

Denken Sie immer daran, dass bei den meisten unserer konservati-ven Zahlungsmethoden die Möglichkeit besteht, die Zahlung wie-der zurückzurufen. Wenn Sie also Geld von einem gehackten Online-Bankkonto, einer gestohlenen Kreditkarte oder von einem PayPal-Konto erhalten haben, kann der Zahlungsdienstleister das Geld wieder zurückbuchen, Sie Ihre Bitcoins aber nicht. Dadurch wird Bitcoin besonders attraktiv, wenn es darum geht, gestohlenes Geld dafür auszugeben. Während zum Beispiel ein damit bezahlter

Amazon-Einkauf ja Rückschluss auf den Empfänger des Paketes zulässt, können Bitcoins an eine frische Adresse geschickt werden, deren Besitzer nicht mehr nachvollziehbar ist. Sie sollten Zahlungen über solche reversiblen Zahlungsmechanismen also nur akzeptieren, wenn Sie sich der Identität des Käufers absolut sicher sind, entweder durch persönliche Bekanntschaft oder in der Form, dass der Käufer sich auf einer der beiden beschriebenen Plattformen identifiziert, dort bereits erfolgreich mehrere Käufe getätigt und entsprechende Bewertungen erhalten hat. Außer Bitcoin ist die einzig wirklich sichere Zahlung eine Barzahlung (Echtheit der Banknoten vorausgesetzt). Auch Anweisungen mit Western Union oder MoneyGram sind dann sicher, wenn Sie Ihr Bargeld in der Hand halten, hier fallen aber exorbitant hohe Gebühren an. Bei allen anderen Zahlungsmethoden müssen Sie bis zu 180 Tagen (im Falle von Kreditkarten) mit der bösen Überraschung einer Rückbuchung rechnen. Auch hieran lässt sich erkennen, wie dringend die Welt auf eine sichere, nicht fälschbare und nicht reversible Zahlungsmethode wie Bitcoin gewartet hat.

Bitcoins Kernschmelze: MTGox

Als im Jahre 1993 der Spiele-Entwickler Richard Garfield ein neues Kartenspiel namens »Magic: The Gathering« veröffentlichte, war nicht nur eine Technologie wie Bitcoin noch vollkommen unvorstellbar, auch die entsprechende Grundlage, nämlich das Internet selbst, steckte noch in den Kinderschuhen und wurde, so wie Bitcoin 20 Jahre später, als Spielzeug für Nerds betrachtet, zumindest von den meisten Menschen, die bis dato überhaupt davon gehört hatten. »Magic: The Gathering« wurde als schnelles, von Studenten in den universitären Vorlesungspausen spielbares Spiel konzipiert, das besonders auf die große Fangemeinde von Rollenspielen zugeschnitten war und bei dem es für die Spieler im Großen und Ganzen darum ging, die Rollen von sich duellierenden Zauberern anzunehmen. Schnell entwickelte sich eine große Fangemeinde um das Spiel herum und die Spielkarten der vielen verschiedenen und limitierten Ausgaben wurden bald zu begehrten und teuren Sammlerobjektes.
→

Das brachte im Jahre 2009 Jed McCaleb auf die Idee, eine Online-Plattform zu entwickeln, auf der die Nutzer die begehrten Sammlerstücke kaufen und verkaufen konnten, woraus MtGox.com geboren wurde. Als McCaleb im Jahre 2010 auf Bitcoin aufmerksam wurde, erkannte er sehr schnell, dass es erstens noch gar keine Plattform zum Handeln der neuen Kryptowährung gab und dass er zweitens selbst eine Plattform besaß, die sich für diesen Zweck eignen würde. So wurde MtGox in kürzester Zeit zur ersten Bitcoin-Handelsbörse umgebaut. Nutzer besaßen auf MtGox ein Dollar- und ein Bitcoin-Konto, konnten Kaufgesuche und Verkaufsangebote einstellen und beide Währungen handeln. Als MtGox im März an die von Mark Karpeles gegründete Tibanne ltd. verkauft wurde, war sie die größte und umsatzstärkste Online-Exchange für Bitcoins und das bislang größte und am längsten andauernde Drama in der Bitcoin-Ökonomie nahm seinen Lauf.

Noch im März 2013 wurden 60% des weltweiten Bitcoin-Handels auf MtGox abgewickelt. Diese Tatsache ist aus zwei Gründen erstaunlich: Erstens verwundert es, dass so viele Menschen ihr Geld einer von Gaming-Nerds in PHP selbst gestrickten Online-Plattform anvertrauten, die keinerlei professionellen Sicherheits-Standards entsprach, und zweitens gab es seit Anfang 2011 bei MtGox eine Reihe von Vorfällen, bei denen Nutzer von MtGox entweder ihr Geld verloren oder erst nach Monaten wieder Zugriff darauf hatten und bzw. oder durch die die gesamte Bitcoin-Ökonomie Schaden nahm. Seit dieser Zeit bereits bezeichnete der Ausdruck »I've been goxed (Ich bin gegoxt worden)« in der frühen Bitcoin-Community den Missstand, dass man sein Geld gar nicht oder sehr spät erhielt oder dass der Bitcoin-Kurs durch die Unzulänglichkeiten der zu dieser Zeit absolut marktbeherrschenden Plattform massiv Schaden nahm. So wurde zum Beispiel auch im Juni 2011 ein Bitcoin-Flashcrash (*http://www.youtube.com/watch?v=T1X6qQt9ONg*), bei dem der Preis für einen Bitcoin innerhalb von wenigen Minuten von seinem damaligen Allzeithoch von ca. 20 EUR auf Null Cent einbrach (eigentlich sogar auf theoretisch unmögliche -1,8 Cents auf MtGox), durch Sicherheitslücken der Plattform verursacht. Ein Hacker hatte sich über den Rechner eines MtGox-Mitarbeiters Zugriff auf alle Nutzerkonten verschafft und alle Bitcoins gleichzeitig auf den Markt geworfen, wodurch der Kurs zwangsläufig abstürzte. Kontenbeschlagnahmen durch die US-Regierung und Millionenklagen von Geschäftspartnern folgten. →

Im April 2013 fiel der Bitcoin-Wechselkurs ebenfalls massiv, nachdem MtGox wegen technischer Probleme den Handel für eine Weile aussetzte. Im Juni des gleichen Jahres wurden Auszahlungen von Guthaben ausgesetzt und trotz anderslautender Ankündigung nur teilweise wieder vorgenommen. Trotzdem vertrauten weiterhin Menschen dem Unternehmen ihr Geld an, bis MtGox schließlich im Juni 2013 Auszahlungen in Fiat-Währungen eingestellt und trotz gegensätzlicher Ankündigungen nur teilweise wieder aufgenommen hat. Im Februar 2013 wurden auch die Auszahlungen von Bitcoins komplett gestoppt. Als Begründung gab MtGox an, dass es massive Probleme mit einem Bug namens 'Transaction malleability' gäbe, wobei es sich hier um ein bereits seit zwei Jahren bekanntes Phänomen handelte, das bei ordentlicher Implementierung des Protokolls für niemand anderen jemals ein tatsächliches Problem darstellte. Das Drama erreichte kurz darauf seinen Höhepunkt, als MtGox endgültig seinen Dienst einstellte, bei einem japanischen Gericht Gläubigerschutz beantragte, um Konkurs anmelden zu können, und nebenbei bekannt gab, dass niemand wirklich wüsste, wo ca. 850.000 Bitcoins verblieben waren, zu diesem Zeitpunkt immerhin eine gute halbe Milliarde Euro. Dass von diesen einen Monat später 200.000 Stück zufällig wieder »gefunden« wurden, war zwar die einzige positive Nachricht, zeigte jedoch auf absurd anmutende Weise, wie unprofessionell das Unternehmen tatsächlich geführt wurde.

Zu dem Zeitpunkt der Erstellung dieses Textes läuft das Konkursverfahren in Japan und weltweit sehen tausende von Nutzern bangend dessen Ausgang entgegen, allerdings mit wenig Hoffnung, einen nennenswerten Teil ihres Geldes jemals wieder zu sehen.

Wahrscheinlich musste die junge und unbedarfte Bitcoin-Ökonomie ein solches Fiasko erleben, bevor tatsächlich höchste Sicherheits-Standards und permanente externe Auditierung der vorgehaltenen Kundengelder (»Proof of reserves« oder auch »Proof of liquidity«) zum notwendigen Anspruch an solche Plattformen wurden. Wählen Sie die Plattform Ihres Vertrauens entsprechend aus, nutzen Sie soweit irgend möglich solche, die den Nutzern die privaten Schlüssel zu den eingelagerten Bitcoins zur Verfügung stellen und lassen Sie Geld nicht irgendwo herumliegen, wo Sie es nicht wirklich gerade brauchen (um zum Beispiel zu handeln)!

Sie wissen nun, wie Sie an Bitcoins gelangen und wie Sie diese verwenden können. Falls Sie jedoch mehr als nur ein wenig Spielgeld zum Ausprobieren investieren möchten und keine Hardware-Wallet nutzen, sollten Sie unbedingt das nächste Kapitel lesen, um dieses Geld auch wirklich sicher vor fremdem Zugriff zu schützen.

KAPITEL 5

Sicheres Speichern

Wenn Bitcoin digitales Bargeld ist muss es sich genauso gut verstecken lassen wie Euro-Scheine unter der Matraze oder in dem Schliessfach in der Schweiz. Wie Bitcoins sicherer als beides aber sehr viel besser verfügbar gespeichert werden können, will ich in diesem Kapitel beschreiben.

Cold Storage – Kalte Lagerung

Bei Bitcoins handelt es sich nicht nur technologisch, sondern auch konzeptionell um eine vollkommen neue Art von Geld. Keine Bank und kein Dienstleister steht Ihnen für Ihre Bitcoins gerade, die Verantwortung hierfür tragen ausschließlich Sie selbst, genauso wie Sie auch die alleinige Kontrolle über Ihre Bitcoins besitzen. Deshalb möchte ich in diesem Kapitel zeigen, wie Sie mit Hilfe des Armory-Clients (*https://bitcoinarmory.com*) dieser Verantwortung voll und ganz gerecht werden und Ihre Bitcoin-Schäfchen sicher ins Trockene bringen können.

Bei Cold Wallets (»Kalte Brieftaschen«) oder auch Wallets in Cold Storage (»Brieftaschen in kalter Lagerung«) handelt es sich um Wallets, die offline, also ohne eine Verbindung zum Internet gespeichert werden, sei es in analoger oder in digitaler Form.

»Offline« bedeutet in diesem Falle vorzugsweise wirklich offline, meint also auf einem Gerät, das niemals mit dem Internet in Verbindung kommt, weder vor noch nach seiner Benutzung als Offline-Wallet-Rechner. Man nennt einen solchen Rechner auch einen durch einen »Air Gap« getrennten Rechner, also durch eine Luftlücke, die digital nicht überwunden werden kann. Auch wenn sie Luftlücke heißt, sind hier aber natürlich auch kabellose Internetverbindungen mit ausgeschlossen.

Orte, zu denen absolut keine digitalen Verbindungen bestehen, bieten auch keinen Angriffsvektor für eventuelle digitale Diebstahlversuche. Auch wenn wir in anderen Kapiteln beschrieben haben, wie sich zum Beispiel mit Bitcoin Core ein gut gesichertes digitales Backup seiner Wallet herstellen lässt: Wirklich sicher ist auch dies nur auf einem Rechner, der von keinerlei Schadsoftware befallen ist, bei dem also sichergestellt ist, dass dort kein Trojaner installiert wurde, der zum Beispiel eine Wallet kopieren und mittels eines Keyloggers Ihr betreffendes Passwort abhören kann. Auch wirkliche IT-Sicherheitsexperten (oder gerade die) werden Ihnen sagen, dass diese Sicherheit nur bei einem Rechner gegeben ist, der einfach niemals Bekanntschaft mit dem Internet macht, und vor allem dann, wenn Sie größere Beträge mit Bitcoin verwahren möchten, sollten Sie die Mühe nicht scheuen, entweder ein eigenes altes Laptop oder auch ein günstiges gebrauchtes von Ebay neu aufzusetzen und ausschließlich für die Verwaltung Ihrer Offline-Wallets einzusetzen.

Dass nichtsdestotrotz die Möglichkeit besteht, dorthin (also an eine Adresse, von deren Existenz das Internet und die Blockchain gar nichts wissen können) Überweisungen zu tätigen, mag auf den ersten Blick erstaunen, liegt aber im Konzept der Blockchain und der Verwendung von Bitcoin-Adressen begründet.

Auch eine auf einer Offline-Maschine generierte Bitcoin-Adresse erfüllt formal alle Anforderungen an eine solche Art von Adresse. Das Netzwerk erfährt überhaupt erst von der Existenz einer Adresse, wenn das erste Mal eine Transaktion an diese Adresse vorgenommen wird. Die anderen Netzwerkteilnehmer validieren nur die formale Gültigkeit der Adresse und prüfen die Signatur des Senders. Wenn das Ergebnis beider Prüfungen positiv ist, wird die Transaktion und somit die Adresse von einem Miner in einen der nächsten Blöcke mit aufgenommen und die Adresse wird so lange existieren wie das Bitcoin-Netzwerk selbst. Ob diese Adresse on- oder offline generiert oder der private Schlüssel zu dieser Adresse in

Stein gemeißelt und vergraben wurde oder offen und unverschlüsselt auf einem Webmailer-Account herumliegt, können die anderen Netzwerkteilnehmer nicht feststellen und es ist ihnen auch egal, da es für die gemeinsame Verwaltung der Adressen und Transaktionen irrelevant ist.

Cold Storage ist eine zwar vergleichsweise aufwändige Art und Weise, Bitcoins zu verwalten, aber die Sicherheitsvorteile dieses Vorgehens sind überzeugend und den vertretbaren Aufwand definitiv Wert. Zumindest für die Langzeitlagerung oder für Ihren monatlichen Sparplan sollten Sie Cold Storage in Erwägung ziehen. Und bei genauem Hinsehen ist der Aufwand nicht größer als der Besuch bei einer Bank zur Einrichtung eines Sparkontos oder eines Bankschließfaches und der damit verbundene Papierkram.

Wallets, die sich nicht in Cold Storage befinden, sondern die auf einer irgendwie mit dem Internet verbundenen Plattform verwaltet werden, sei es nun in einer Webwallet oder in einem lokalen Bitcoin-Client oder auch in einer proprietären Implementierung auf dem Server eines Unternehmens, werden, um bei unserer Metapher zu bleiben, als »Hot Wallets« (»Heiße Brieftaschen«) bezeichnet. Online-Dienstleister, die über viele ein- und ausgehende Bitcoin-Transaktionen verfügen, verwalten in der Regel nur solche Summen von Bitcoins in ihrer Hot Wallet, die absehbar für die Aufrechterhaltung des Geschäftsbetriebes nötig sind. Wenn diese die Einlagen Ihrer Kunden in Cold Storage, also offline verwalten, ist das somit keine Unterschlagung, sondern ein positives Zeichen gebotener Umsicht.

Paper-Wallets

Bei Paper-Wallets handelt es sich eigentlich nur um die analog gespeicherten privaten Schlüssel Ihrer Bitcoin-Adressen.

Bei der Aufbewahrung des privaten Schlüssels Ihrer Adresse sind Ihrer Fantasie keine Grenzen gesetzt. Schreiben Sie ihn sich hinter Ihre Wohnzimmertapete, legen Sie einen entsprechenden Zettel in Ihr Bankschließfach oder gravieren Sie ihn in ein Stück Stahl, das

Sie im Fundament Ihres Hauses einmauern. Denken Sie daran, eine Kopie an einem sicheren anderen Ort zu verwahren, um auch bei Verlust durch Brand oder Ähnliches noch Zugriff auf Ihr Geld zu haben.

Berücksichtigen Sie bei einem eventuellen Ausdrucken Ihres privaten Schlüssels bitte unbedingt die Tatsache, dass viele moderne Drucker und Kopierer oder auch Kombi-Geräte auf einem internen Speicher Kopien von allem ablegen, was auf ihnen gedruckt und kopiert wurde. Das bedeutet, Sie hinterlassen eine unverschlüsselte Kopie Ihres Schlüssels auf dieser Festplatte und jeder, der Zugriff auf diese Festplatte erlangt, hat dann auch vollen Zugriff auf Ihr Geld.

Bereits 2010 wurde von Reportern von CBS berichtet, dass sie problemlos »medizinische Berichte, Polizeiberichte, Baupläne, Zahlungsanweisungen und Kopien von Schecks« (heise.de) auf den Festplatten gebraucht gekaufter Kopierer finden konnten, und es ist absehbar, dass, falls Bitcoin an Bedeutung und Wert gewinnen sollte, in der Zukunft das Absuchen von entsorgten oder auch gestohlenen Drucker-Festplatten nach privaten Schlüsseln ein lukratives Geschäft werden könnte. Bitte informieren Sie sich deshalb genau, ob dies bei Ihrem Gerät der Fall ist und falls Sie das nicht sicher stellen können notieren Sie sich den Schlüssel lieber handschriftlich. Seien Sie dabei bitte sehr sorgfältig, vergleichen Sie lieber einmal mehr und denken Sie daran, dass auch ein falscher Buchstabe oder die falsche Zahl oder falsche Groß-/Kleinschreibung zum Verlust dieser Adresse und des darauf verbuchten Geldes führt.

Digitale Offline-Wallets

Obwohl es sich bei Paper-Wallets natürlich auch um Offline-Wallets handelt, möchte ich an dieser Stelle beide Begriffe voneinander abgrenzen. Während eine Paper-Wallet nur in analoger Form vorhanden sein sollte und somit vor Anwendung erst wieder digitalisiert werden muss, lassen sich auch digitale Wallets komplett offline betreiben und damit Transaktionen ausführen.

Offline-Wallets mit Armory

Wir möchten die Erstellung von Offline-Wallets zum Zweck der Cold Storage und deren Anwendung anhand des Full-Node-Clients Armory demonstrieren. Bei diesem Prozess werden wir sowohl eine Paper-Wallet erstellen als auch eine Offline-Wallet, von der aus Transaktionen möglich sind, ohne dass die Wallet (respektive deren private Schlüssel) jemals online ist. Hierzu erstellen wir eine Watch-Only-Version der Offline-Wallet, die auf einem Online-Rechner betrieben wird.

Sicherer als auf diese Art und Weise können Sie Ihre Bitcoins nicht aufbewahren, und wenn Sie dafür Sorge tragen, dass niemand jemals Zugriff auf Ihre Offline-Wallet erlangt, dann kann unter keinen Umständen jemals irgendwer Zugriff auf die hier gespeicherten Bitcoins erhalten.

Das hier geschilderte Verfahren entbehrt nicht eines gewissen Aufwands. Wenn Sie Bitcoin einfach nur für kleine Beträge einsetzen wollen und nicht viel investieren, ist es wahrscheinlich auch überdimensioniert. Wenn Sie aber größere Beträge oder gar Ihre Lebensersparnisse in Bitcoin anlegen möchten, ist es zwingend erforderlich, die entsprechende Zeit und die erforderlichen Ressourcen zu investieren. Wägen Sie ab, was es Sie an Zeit und Geld kostet, diese Beträge anderweitig gesichert aufzubewahren (Gold im angemieteten Bankschließfach, Aktiendepots anlegen...) und Sie werden feststellen, dass er gerechtfertigt ist.

Und: Testen Sie dieses Verfahren mit kleinen Beträgen, am besten mehrmals von vorne bis hinten, bis Sie sich sicher sind, dass Sie alle Schritte verstanden haben und Sie Ihre Test-Beträge erfolgreich sowohl offline gespeichert als auch online wieder zugänglich gemacht haben, bevor Sie hier irgendwelche nennenswerten Beträge ablegen!

Was dazu benötigt wird

Um mit Armory offline Wallets zu erstellen, von denen aus Sie auch Transaktionen vornehmen können, benötigen Sie natürlich einen Online-Rechner. Armory ist relativ mächtig und deshalb sollte Ihr

Rechner über mindestens 4 GB RAM verfügen. Des Weiteren ist auf diesem Online-Rechner eine installierte Bitcoin-Core-Wallet mit aktualisierter Blockchain erforderlich.

Das zweite benötigte Gerät ist ein Offline-Rechner. Im Offline-Modus ist Armory sehr viel bescheidener und begnügt sich mit 256MB RAM. Sie können hier also entweder ein altes Laptop, ein billiges gebrauchtes Laptop oder ein günstiges Netbook einsetzen. Wichtig ist, dass dieser Rechner nach Installation des Betriebssystems niemals Verbindung zum Internet aufnimmt, weder vor und schon gar nicht nach Erstellung Ihrer Wallets. Wenn Sie sich mit Ihrem Betriebssystem hinreichend auskennen, empfehle ich, alle entsprechenden Treiber (zum Beispiel den für das W-LAN) zu entfernen, so dass Sie sich nicht versehentlich mit dem Internet verbinden. Beide Rechner sollten über das gleiche Wechselspeichermedium verfügen, wir gehen hier von USB-Anschlüssen und einem passenden Speicher-Stick aus.

Und Sie müssen natürlich Armory auf beiden Rechnern installieren. Den Installer-File finden Sie unter *www.armory.com*. Kopieren Sie diesen per USB-Stick auf Ihren Offline-Rechner und installieren Sie die Software auf beiden Maschinen.

Zur Erstellung der physischen Paper-Wallet empfehle ich einen Stift und ein Stück Papier. Damit haben Sie alles, was Sie brauchen.

Erstellen der Offline-Wallet

Starten Sie Armory auf Ihrem Offline-Rechner. Bei Armory handelt es sich um einen Client, mit dem Sie beliebig viele Wallets gleichzeitig verwalten können. Ihre erste Offline-Wallet generieren Sie, indem Sie auf »Create Wallet« klicken. Im nachfolgenden Dialogfeld können Sie der Wallet einen Namen zuweisen und eine Beschreibung hinzufügen. Außerdem sollten hier die Optionen »Use wallet encryption« (zur Verschlüsselung Ihrer digitalen Offline-Wallet) und »Print paper wallet« aktiviert sein.

Armory bittet Sie nun um die Angabe eines Passwortes. Wundern Sie sich nicht darüber, dass Armory nun gleich zweimal um Bestätigung des gewählten Passworts bittet: Wenn Sie keine Paper-Wallet von dieser Wallet anlegen und dieses Passwort vergessen, werden

Sie auf die Bitcoins in der betreffenden Wallet niemals mehr zugreifen können.

Wenn Sie das Passwort definiert haben, generiert Armory Ihre Offline-Wallet und zeigt Ihnen sofort in einem neuen Fenster die dazugehörige Paper-Wallet an. Armory arbeitet mit sogenannten hierarchisch-deterministischen Wallets, das bedeutet, dass mit den auf der Paper-Wallet angezeigten Daten ein Backup für alle jemals in der Vergangenheit oder in der Zukunft mit dieser Wallet generierten Adressen gesichert ist. Anders als bei Bitcoin Core, dessen Backup nur den aktuellen Adresspool (initial also die ersten 100 Adressen) beinhaltet, müssen Sie diese Wallet also nur ein einziges mal sichern. Das Ganze sieht dann so aus:

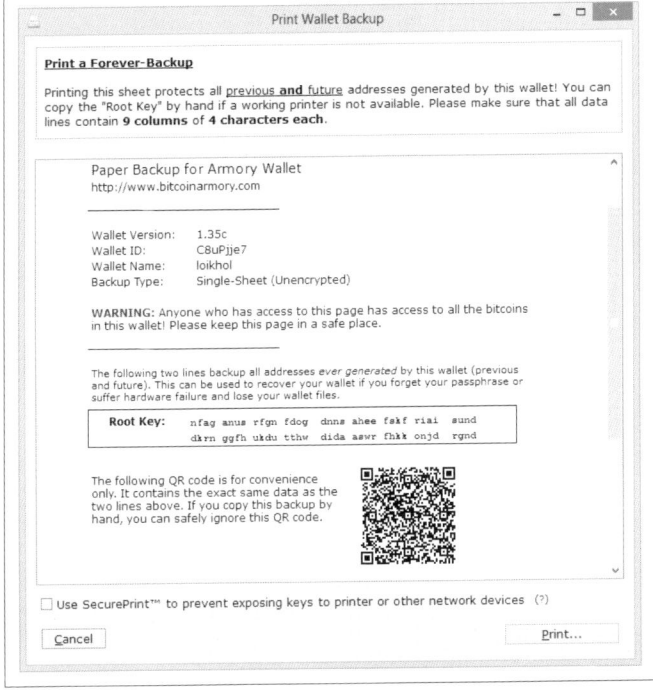

Abbildung 5-1: Eine mit Armory erstellte Paper-Wallet

Sie haben nun zwei Möglichkeiten, diese Paper-Wallet auch tatsächlich zu Papier zu bringen. Entweder Sie drucken Sie auf einem an Ihrem Offline-Rechner angeschlossenen Drucker (und zwar NUR am Offline-Rechner angeschlossen) aus oder Sie notieren sich per Hand den hier angezeigten Root-Key. Wenn Sie sich für die handschriftliche Variante entscheiden, stellen Sie bitte absolut sicher, dass Sie sich beim Notieren des Keys nicht verschrieben haben, und vergleichen Sie Ihren handgeschriebenen Root-Key gewissenhaft. Hier gibt es kein »zu oft«, sondern nur ein »nicht oft genug«.

Voila! Fertig ist Ihre Paper-Wallet. Denken Sie daran: Wer auch immer dieses Stück Papier in die Hände bekommt, kann Zugriff auf Ihre Bitcoins erlangen. Gehen Sie also entsprechend damit um!

Sie können nun bereits Bitcoins an Ihre Offline-Wallet senden. Da Sie allerdings auf einem Offline-Rechner arbeiten, der mangels Zugriff auf das Internet auch keinen Zugriff auf die Blockchain hat, kann Armory auch nicht feststellen, ob oder wie viele Bitcoins an diese Adresse geschickt wurden, und Ihnen diese Information auch niemals auf diesem Rechner anzeigen.

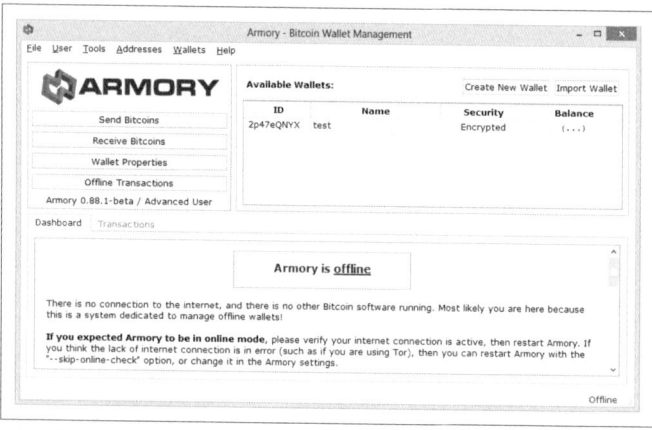

Abbildung 5-2: In der Armory-Übersicht im Offline-Modus kann das Guthaben meiner Test-Wallet mangels Blockchain-Zugriff nicht angezeigt werden.

Watch-Only-Wallets

Um Ihr Guthaben zu überprüfen oder auch auszugeben, müssen Sie eine Watch-only-Version dieser Wallet anfertigen und auf Ihren Online-Rechner übertragen. Dies birgt keinerlei Risiken, denn eine Watch-only Wallet beinhaltet keine privaten Schlüssel Ihrer Adressen.

Um dies zu tun, wählen Sie auf Ihrem Offline-Rechner per Doppelklick die Wallet und dann »Create Watching-Only Copy« aus. Speichern Sie die Watch-Only-Kopie auf den USB-Stick und schließen Sie diesen an Ihren Online-Rechner an. Öffnen Sie Armory und wählen Sie »Import or Restore Wallet«, dann im nachfolgenden Dialogfeld »Import digital backup or watching-only Wallet« und schließlich die entsprechende Datei auf dem USB-Stick aus. Wenn Sie diese Schritte durchgeführt haben, will Armory erst einmal in den Offline Modus wechseln, um die lokal vorliegende Transaktionshistorie zu scannen. Im Anschluss sehen Sie in der Übersicht auch bereits die Ballance Ihrer Watch-Only- Wallet. Doppelklicken Sie nun auf die Wallet, um die Eigenschaften zu öffnen, und dort bei »Belongs to« auf »This Wallet is mine«, und schon wird die Wallet Ihnen in der Übersicht als Ihre Offline-Wallet angezeigt.

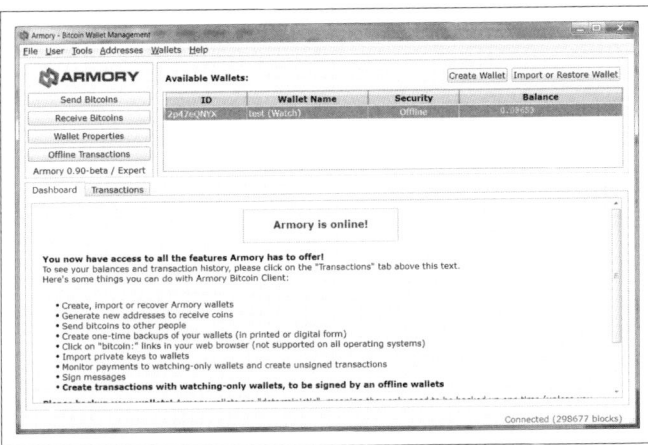

Abbildung 5-3: Die Offline-Version meiner Test-Wallet auf dem Online-Rechner

Bei dieser Offline-Version können Sie auf Ihrem Online-Rechner jederzeit den aktuellen Guthabenstand sowie jeden Ein- und Ausgang Ihrer Offline-Wallet sehen. Sie können also an Adressen dieser Wallet auch Geld schicken bzw. schicken lassen und dessen Eingang prüfen, ohne dass die Wallet jemals online geht.

Offline-Transaktionen ausführen

Was Sie hier allerdings nicht so einfach tun können, ist das Verschicken von Geld von dieser Wallet. Dies kann dann aber auch niemand anderes, auch wenn Ihr Rechner gehackt wurde und sich nun vollkommen unter der Kontrolle von jemand anderem befindet, und genau das ist der Vorteil an einer Offline-Wallet.

Wenn Sie Geld aus dieser Wallet ausgeben möchten, wählen Sie sie per Doppelklick aus und klicken Sie dann auf »Send Bitcoins«. Armory wird nun eine unsignierte Transaktion vorbereiten, die Sie nur auf Ihrem Offline-Rechner signieren können, da sich nur dort die privaten Schlüssel zu Ihren Adressen befinden, ohne die keine Transaktion möglich ist.

Abbildung 5-4: Die Generierung einer unsignierten Transaktion auf dem Online-Rechner

Speichern Sie die unsignierte Transaktion in Dateiform auf dem USB-Stick ab (der Dateiname endet mit ...unsigned.tx) und schließen Sie diesen wiederum an den Offline-Rechner an. In Ihrer Offline-Version von Armory klicken Sie nun auf »Offline Transactions« und dann auf »Sign offline Transaction«. Im folgenden Dialogfeld wählen Sie die Datei auf Ihrem USB-Stick aus, überprüfen nochmal den Zahlbetrag und klicken dann auf »Sign«. Armory ersetzt nun die Datei mit der unsignierten Transaktion auf dem USB-Stick durch eine Datei mit der signierten Transaktion (der Dateiname endet nun mit ...signed.tx).

Schließen Sie dann den USB-Stick wieder an den Online-Rechner an. Dort sollte noch das Dialogfeld aus den vorherigen Schritten geöffnet sein und Sie können auf »Next Step« klicken. Wählen Sie im folgenden Dialogfeld die Transaktionsdatei aus und klicken Sie dann auf »Broadcast«. Bestätigen Sie dies noch einmal und Armory wird Ihnen sofort den Versand des Geldes melden.

Glückwunsch! Sie haben soeben Geld überwiesen, das ansonsten so sicher vor fremdem Zugriff geschützt ist, als wäre es in einem Bankschließfach tief in einem Berg in der Schweiz eingelagert. Wie Sie zusätzlich noch eine mit dem berühmt-berüchtigten Schweizer (und in der Schweiz gar nicht mehr vorhandenen) Bankgeheimnis vergleichbare finanzielle Privatsphäre mit Bitcoin auf dem heimischen PC umsetzen können, erfahren Sie im nächsten Kapitel.

KAPITEL 6

Transparenz und Anonymität

Nutzerdefinierte Privatsphäre

Ein auffallender Widerspruch in Bezug auf Bitcoin ist die Tatsache, dass man einerseits von anonymem, digitalen Bargeld spricht, und der Umstand, dass andererseits doch alle Transaktionen für das gesamte übrige Bitcoin-Netzwerk öffentlich einsehbar, also vollkommen transparent sind.

Bitcoin ist in der Tat beides, so anonym, wie Sie es möchten, aber auch vollkommen transparent, weshalb man hier den Begriff »nutzerdefinierte Privatsphäre« anwendet. Wie Sie selbst die Privatheit definieren, in der Sie Bitcoin verwenden möchten, bleibt Ihnen überlassen, und wie Sie diese Privatheit umsetzen können, will ich in diesem Kapitel erläutern.

Durch die Eigenschaften der verteilten öffentlichen Buchhaltung ist Bitcoin pseudonmym, das bedeutet, dass zwar die Transaktionen jedes einzelnen dem Netz bekannten Teilnehmers in Form der verwendeten Bitcoin-Adressen einsehbar sind, es jedoch dem hinter der Adresse steckenden Teilnehmer frei steht, der Adresse seine reale Identität zuzuordnen und andere wissen zu lassen, dass es sich hierbei um die seine handelt.

Sie entscheiden also selbst, je nach dem individuellen Zweck und Umfeld Ihrer Transaktionen, welchen Grad an Privatsphäre Sie wünschen, was bei herkömmlichen Zahlungsmitteln nicht möglich ist: Die Verwendung von Bargeld kann nie absolut transparent erfolgen und Banküberweisungen oder Kreditkartenzahlungen lassen sich niemals in völliger Privatsphäre ausführen.

Transparente Buchhaltung

Es gibt Bereiche in unserem wirtschaftlichen Leben, in denen wir bislang mangels Transparenz auf Vertrauen setzen müssen. Wenn wir zum Beispiel an gemeinnützige Institutionen spenden, müssen wir darauf vertrauen, dass die bedachte Organisation möglichst wenig des gespendeten Geldes für Bürokratie ausgibt und ansonsten das Geld auch wirklich in unserem Sinne an diejenigen weiterleitet, die es am dringendsten benötigen. Dieses Vertrauen wurde in der Vergangenheit des Öfteren gebrochen und es ist zu beobachten, dass die vorweihnachtlichen Werbekampagnen der spendenbasierten Organisationen, die um die Gelder der Spender konkurrieren, sich hauptsächlich darauf konzentrieren, zu versichern, dass die jeweilige Organisation vertrauenswürdig ist. Wir können dies aber nie selbst nachprüfen, sondern müssen den Geschäftsführern und den von ihnen veröffentlichen Zahlen Glauben schenken.

Eine auf Bitcoin-Spenden basierende Organisation benötigt unser Vertrauen nicht, da sie eine vollkommen transparente Buchhaltung führen kann, so dass jeder Außenstehende selbst genau feststellen kann, wieviel Geld die Organisation bekommen und wofür sie es ausgegeben hat.

Alles, was hierzu erforderlich ist, ist die Bekanntgabe der zur Geschäftsabwicklung genutzten Bitcoin-Adressen und der jeweiligen Identitäten, die sich dahinter verbergen. Die Bankverbindungen herkömmlicher Wohltätigkeitsorganisationen sind zwar auch bekannt, wir können aber nicht nachprüfen, wie viel Geld darauf tatsächlich eingegangen ist, während wir bei Bitcoin-Adressen einfach in der Blockchain nachzusehen können. Wenn nun die Empfänger von Geldern dieser Organisation, seien es Dienstleister oder Spendenempfänger, ebenfalls ihre Identitäten bekanntgeben (indem sie sie zum Beispiel auf ihrer Webseite publizieren, so dass sie sich mit Suchmaschinen finden lassen), können wir nicht nur sehen, wie viel gespendet, sondern auch wie viel wofür ausgegeben wurde. Wenn wir wissen, wie viel eigentlich gebraucht wird, können wir außerdem ausrechnen, wie viel noch fehlt, um ein bestimmtes Projekt zu finanzieren, was sicherlich für den einen oder anderen auch ein Anstoß sein kann, noch ein wenig beizutragen.

Das Gleiche gilt für Crowdfunding-Projekte, bei denen wir heute ebenfalls noch den Betreibern der Online-Plattformen vertrauen müssen, auf denen diese Projekte verwaltet werden. In beiden Bereichen wird die Spendenfreudigkeit der Geber durch die Nutzung von Bitcoin zusätzlich dadurch gesteigert, dass keine üblichen Bank- oder Kreditkartengebühren anfallen und somit mehr von dem gespendeten Geld da ankommt, wo es hingehört.

In allen Bereichen also, in denen größtmögliche Transparenz und Öffentlichkeit in der Buchhaltung gefragt ist, bietet Bitcoin bislang nicht gekannte Möglichkeiten.

Anonymität bedeutet Privatheit

Der Wunsch nach Anonymität bei Finanztransaktionen wird schnell nachvollziehbar, wenn man sich die eigentliche Transparenz des Bitcoin-Netzwerkes vor Augen hält.

Wenn Ihnen Ihr Gehalt in Bitcoin ausbezahlt würde und Sie dieses nicht in anderes Geld umtauschen, sondern damit auch Ihre Ausgaben bestreiten würden, gäben Sie, wenn Sie hier nicht ein gewisses Maß an Anonymität in Anspruch nehmen könnten, Ihrer gesamten Umwelt zahlreiche private Informationen preis. Ihr Arbeitgeber könnte sehen, wo Sie Ihr Geld ausgeben, also welche Dienstleistungen Sie in Anspruch nehmen und wo Sie Produkte kaufen. Doch auch die Dienstleister und Händler, die von Ihnen Zahlungen empfangen, könnten mit kleinem Rechercheaufwand herausfinden, wo Sie arbeiten, wie viel Sie verdienen und was Sie sonst noch so mit Ihrem Geld tun.

Die Situation wäre übertragen auf unser Bargeld vergleichbar mit einer solchen, in der sich allen Geldscheinen und Münzen, die wir ausgeben, ansehen ließe, woher wir diese haben, mit welchen anderen Scheinen und Münzen sie gemeinsam in unserem Geldbeutel waren und was wir mit den anderen Scheinen und Münzen gemacht haben.

Die mangelnde Nachvollziehbarkeit von Geldströmen ist zwar zum Beispiel für Strafverfolgungsbehörden ein nachvollziehbares Problem, aber auch in einem Vortragssaal voll mit Mitarbeitern dieser Behörden hob niemand die Hand, als ich fragte, ob einer der Anwesenden gerne seine täglichen wirtschaftlichen Aktivitäten in einem solch transparenten Umfeld ausführen möchte. In solchen Momenten wird schnell klar, dass die »Nicht-Nachvollziehbarkeit von Transaktionen« eigentlich nur einen anderen, sehr negativ belegten Ausdruck für den Schutz persönlicher finanzieller Daten darstellt.

Privatheit bedeutet Grundrechtsschutz

Ein weiterer Grund für das steigende Bedürfnis der Menschen, ihre persönlichen Daten vor fremden Augen schützen zu wollen, ist der ausufernde Überwachungsstaat, der von Regierungen aufgebaut wird und über dessen gesetzeswidrige Umsetzung durch Geheimdienste und auch Polizeien wir nicht erst seit den Enthüllungen von Edward Snowden informiert werden. Uns werden grundgesetzlich zwar persönliche Schutzbereiche und andere Grundrechte, wie das auf informationelle Selbstbestimmung zugesichert, diese werden jedoch vor unser aller Augen (und auch der unserer Regierungen) vollkommen ausgehebelt, so dass wir alle zu absolut gläsernen Bürgern werden. So ist zum Beispiel bekannt, dass unsere Bankdaten über das transatlantische Swift-Abkommen den Diensten der USA jederzeit und ohne jegliche Ausnahme zur Verfügung gestellt werden. Kreditkartenfirmen und Finanzdienstleister wie PayPal unterliegen US-amerikanischer Rechtsprechung und sind dort per Gesetz verpflichtet, die Gesetze der Länder zu verletzen, in denen ihre Kunden leben, und alle finanziellen Daten ihrer Kunden den US-Geheimdiensten offenzulegen. Da ebenso bekannt ist, dass die US-Regierung befugt zu sein glaubt, ohne jegliche rechtsstaatlichen Mechanismen wie Gerichtsprozesse, Richtersprüche, Beweise oder Anwälte Menschen gefangen zu nehmen, zu foltern oder auch zu töten und dies auch tut (»Wir töten Leute basierend auf Metadaten. « – Michael Hayden, Ex-Chef von NSA und CIA) fühlen sich mehr und mehr Menschen in dieser Situation unwohl und verspüren ein Bedürfnis, ihre Daten vor diesen neugierigen Augen zu schützen.

Aktiver Schutz der pesönlichen Daten ist hier der einzige Weg, die eigenen Grundrechte zu wahren.

Privatsphäre durch frische Adressen und Bitcoin-Mixing

Es gibt einige Maßnahmen, die Sie ergreifen können, um Bitcoin-Transaktionen in einer adäquaten Privatsphäre ausführen zu können, und die ich hier ein wenig näher erörtern möchte. Voraussetzung für diese Privatsphäre ist natürlich die, dass Sie die von ihnen verwendeten Bitcoin-Adressen nicht öffentlich bekannt geben und auf diese Weise mit Ihrer realen Identität in Verbindung bringen. Stellen Sie sich vor, dass alle Kontoauszüge aller Bankkonten dieser Welt öffentlich im Internet einsehbar wären. Sie würden es dann auch bevorzugen, wenn zumindest nicht der Name zur Kontonummer einsehbar wäre.

Frische Adressen und das Problem mit dem Wechselgeld

Fast jede Bitcoin-Wallet ab einem gewissen Funktionsumfang bietet Ihnen die Möglichkeit, beliebig viele frische Adressen zu generieren (die Easywallet kann es zum Beispiel nicht). Das bedeutet, dass Sie für jede eingehende Transaktion eine neue Adresse nutzen können, so dass der Sender des Geldes an diese Adresse erst einmal nicht sehen kann, wie viel Geld Ihnen sonst noch an diese Wallet geschickt wird. Ihre Bitcoin-Wallet zeigt Ihnen immer die Summe der auf den in dieser Wallet verwalteten Adressen an.

Wenn Sie Geld versenden, kann das Ihre Wallet allerdings nur von Adressen aus, die bereits entsprechende Beträge erhalten haben. Diese Beträge werden als »unspent inputs«, also »nicht ausgegebene Eingänge« bezeichnet. Eine Eigenart des Bitcoin-Netzwerkes besteht darin, dass immer nur der gesamte »unspent input« einer Adresse ausgegeben werden kann, unabhängig davon, wie viel nun tatsächlich überwiesen werden soll. Die Situation ist also ähnlich wie die beim Bargeld im Geldbeutel: Wenn Sie zwei 20-Euro-

Scheine im Geldbeutel haben und Kaugummis für einen Euro kaufen möchten, können Sie nicht ein Zwanzigstel des einen Scheines abreißen und damit bezahlen, sondern Sie legen den ganzen Schein auf den Ladentisch und erhalten 19 Euro Wechselgeld zurück.

Genau so verhält es sich mit Bitcoin-Transaktionen: Wenn Ihnen 20 Bitcoins an eine der Adressen in Ihrer Wallet überwiesen wurden (der »unspent input«) und Sie eine Zahlung in Höhe von einem Bitcoin tätigen möchten, zieht die Wallet die gesamten 20 Bitcoin von dieser Adresse ab, überweist davon einen an die Empfängeradresse und die restlichen 19 als Wechselgeld (»Change«) an Ihre eigene Wallet zurück. Bei diesem Wechselgeld handelt es sich fortan einen neuen »unspent input« und zwar entweder auf der Sendeadresse oder auf einer neuen, ebenfalls zur gleichen Wallet gehörenden Adresse (bei manchen Clients, zum Beispiel Armory, können Sie definieren, ob das Wechselgeld an eine ganz neue Adresse geschickt werden soll). Wenn der Zahlbetrag den unspent input einer einzelnen Adresse Ihrer Wallet übersteigt, fasst diese die Unspent Inputs mehrerer Adressen zusammen, um den Zahlbetrag verschicken zu können.

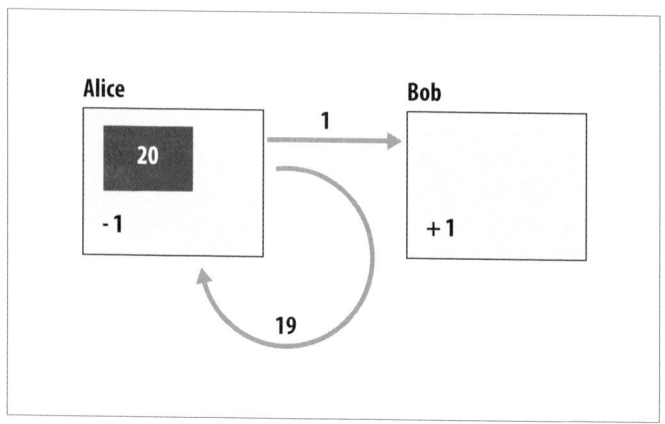

Abbildung 6-1: Alice möchte Bob einen Bitcoin schicken, besitzt aber nur einen Unspent Input in Höhe von 20. Den verschickt die Wallet und Alice erhält 19 Bitcoins an ihre Wechselgeldadresse zurück.

Die Verwendung immer frischer Adressen für jede eingehende Transaktion bietet somit einen gewissen Schutz davor, dass jeder sofort einen Gesamtüberblick über Ihre Finanzen erlangen kann, zumindest gegenüber einem solchen Verfahren, bei dem jedem für alle ein- und ausgehenden Transaktionen nur eine Adresse zur Verfügung stünde. Aufgrund der geschilderten Zusammenhänge lässt sich aber mit etwas Rechercheaufwand für Außenstehende trotzdem nachvollziehen, welche Adressen gemeinsam zu einer Wallet gehören und somit welche Transaktionen dieser zuzuordnen sind. Eben so, als würde ein Geldschein nicht nur seine eigene Seriennummer tragen, sondern auch die Seriennummern aller anderen Geldscheine, mit denen er sich jemals gemeinsam in einem Geldbeutel befand und auch der Scheine, die als Wechselgeld bei der Bezahlung mit diesem Schein in den entsprechenden Geldbeutel zurückgesteckt wurden.

Schutz persönlicher Daten durch Bitcoin Mixer

Um ein wirklich hohes Maß an Privatsphäre herzustellen, können Sie sich eines Bitcoin Mixing- Dienstes bedienen.

Das Prinzip eines solchen Services beruht darauf, eingehende Bitcoins in einem großen Pool von Bitcoins von anderen Adressen – seien dies nun Adressen anderer Nutzer des Dienstes oder der Betreiber selbst – zu mixen und dann von einer oder mehreren anderen Adressen an eine neue Empfängeradresse des Einsenders wieder auszuzahlen. Wenn Sie also die Auszahlung an eine Adresse in einer ganz neuen Wallet vornehmen lassen, können Sie sich sicher sein, dass die Herkunft dieser Bitcoins für niemand Außenstehenden mehr durch Recherchen in der Blockchain nachvollziehbar ist.

Es gibt Mixing-Services mit relativ geringer Komplexität, wie zum Beispiel die bitcoinlaundry.com. Hier senden Sie Bitcoins an die Adresse des Anbieters, die dann, nachdem Ihre Transaktion zehn Bestätigungen aus dem Netzwerk erhalten hat, direkt zurück an eine von Ihnen definierte Adresse übertragen werden. Hierbei lassen sich allerdings, wenn auch nur mit sehr großem Aufwand, statistische Methoden anwenden, um eventuell Rückschlüsse auf den

Zusammenhang von Einzahl- und Auszahladresse ziehen. Wenn zum Beispiel Ihre Absenderadresse bekannt ist, von der Sie 5,328794 XBT an eine unbekannte Adresse verschicken, und innerhalb der nächsten zwei Stunden im Netzwerk eine Transaktion in Höhe von 5,227546914XBT (also der Einzahlungsbetrag minus der Gebühren der Bitcoinlaundry) an eine frische Adresse stattfindet, kann ein sehr neugieriger Beobachter zumindest mit einer gewissen Wahrscheinlichkeit annehmen, dass Sie Ihre Coins an die Bitcoinlaundry geschickt haben und dass die frische Empfangsadresse wiederum Ihnen gehört.

Sollten Sie also davon ausgehen, dass jemand Sie sehr genau beobachtet, empfiehlt es sich, etwas komplexere Mixing-Schemata anzuwenden, wie sie zum Beispiel auf Bitlaundry.com angeboten werden.

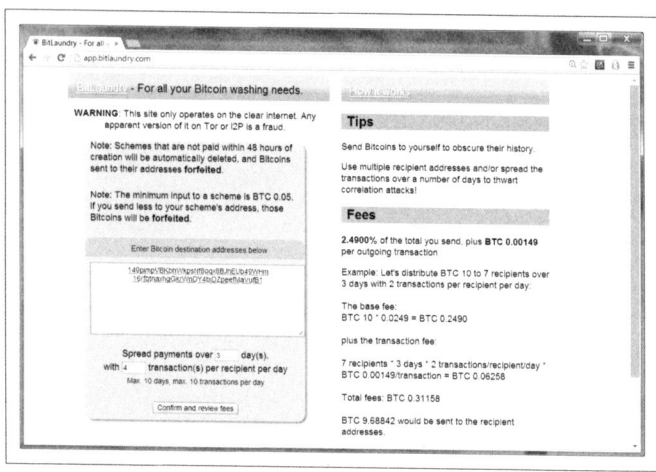

Abbildung 6-2: Ein typisches Mixing-Schema bei der Bitlaundry

In dem hier gezeigten Beispiel werden die eingesendeten Bitcoins an zwei verschiedene neue Adressen zurückgeschickt und zwar willkürlich über die nachfolgenden drei Tage verteilt und mit jeweils vier Transaktionen an jede der beiden Adressen.

Es mag tatsächlich ein wenig ungewöhnlich anmuten, im öffentlich zugänglichen Internet eine Seite zu nutzen, die unser Geld wäscht (ersetzt man Bitcoins durch Geld, lautet ihr Name übersetzt sogar »Geldwäscherei.com«). In Anbetracht der ansonstigen totalen Transparenz des Bitcoin-Netzwerkes, wie sie eingangs dargelegt wurde, stellt das Mixen von Bitcoins jedoch tatsächlich eine absolut notwendige Maßnahme dar, um einen vollkommen legitimen und wünschenswerten Grad an Privatsphäre zu schaffen.

Wie Sie diesen Grad an Persönlichkeits- und Grundrechtsschutz in Bezug auf Ihre finanziellen Transaktionen mit Bitcoin herstellen können, habe ich hier kurz beschrieben. Das Gleiche gilt natürlich nicht nur für Privatpersonen, sondern auch für Gewerbetreibende, denen das nächste Kapitel gewidmet ist.

Interview mit Mike Gogulski

Mike Gogulski ist ein langjähriger Hacktivist für Privatsphäre und Bürgerrechte und betreibt sowohl bitlaundry.com als auch bitcoinlaundry.com, die beiden ersten Bitcoin-Mixer. Er startete unter anderem das Manning-Support-Network, eine Organisation, die über 50.000 USD für die Verteidigung des Wikileaks-Whistleblowers sammelte. 2008 legte er seine US-amerikanische Staatsbürgerschaft ab, lebt seither staatenlos und hat selbst Programmiercode zu Bitcoin beigetragen. Ich traf ihn in der Progressbar, dem Hackspace in Bratislava, und habe ihn zu seinen Mixern befragt.

Mike! Du betreibst die weltweit ersten beiden Bitcoin Mixer/Tumbler. Was hat dich auf die Idee gebracht, einen solchen Service anzubieten?

Anfang 2011 las ich im Bitcoin Forum eine Diskussion über Bitcoins potentiellen Nutzen für Geldwäsche, wobei die Idee darin bestand, einen Pool von Bitcoins zu schaffen, an den man seine eigenen Bitcoins hinein schicken und die von anderen herausnehmen könnte.

→

Einige Teilnehmer dieses kleinen Threads beunruhigte diese Idee, aber ich fand sie aufregend, verbrachte einen Tag damit, zu coden, und verkündete am nächsten Tag bitcoinlaundry.com. Wenig später machte mich jemand darauf aufmerksam, dass mein Service nicht der erste sei und bitlaundry.com meinem um ein paar Monate vorausging. Noch 2011 wurde bitlaundry.com im Forum zum Verkauf angeboten und ich kaufte es dem Entwickler und ersten Besitzer ab – kein Geringerer als Bitcoin-Foundation-Mitbegründer Peter Vessenes.

Wer sollte einen Bitcoin-Mixing-Dienst verwenden und warum?

Jeder, der besorgt ist um seine finanziellen Privatsphäre, sollte in Erwägung ziehen, einen Bitcoin Mixer/Tumbler/Laundry-Service wie meinen zu benutzen. Kaufst du Bitcoins, indem du sie beispielsweise über eine Bitcoin Exchange bezahlst, speichern diese Exchanges die Datenbankeinträge deiner Transaktionen, mittels derer man die Coins auf deine Identität zurückführen kann. Die Exchanges stehen zunehmend unter Druck gewalttätiger Gruppen, damit meine ich hauptsächlich die Gesetzesvollstrecker, wobei es auch Hacker gibt, die Zugriff zu diesen Daten erhalten. Was mein Dienst ermöglicht, ist den monetären Wert, den man in Bitcoin besitzt, von den Verflechtungen der Exchanges mit den Überwachungs-Behörden zu entkoppeln – ein Schritt in Richtung wahrer Anonymität bei Transaktionen.

Den Fluss von Geld zu verschleiern klingt sehr wie das, was wir im alten Finanzsystem als Geldwäsche bezeichnen würden und wo ein solcher Dienst nicht stolz in der Öffentlichkeit angeboten werden würde. Glaubst du, das ist in einer Krypto-Ökonomie anders und wenn ja, warum?

Das Geldwäschegesetz kam zustande als Mittel für Staaten, illegal verdientes Vermögen angreifen zu können; »Geldwäsche« wird herkömmlich definiert als Möglichkeit der Verschleierung der Quelle dieses Vermögens über diverse Mechanismen, um dieses vom Schwarzmarkt in den weißen zu befördern. Das klingt zunächst schön und gut, bis man sich bewusst macht, dass nicht jedes illegal verdiente Vermögen über unmoralische Wege erlangt wird. Wir beklagen zum Beispiel zurecht die Millionen des Mafioso oder des korrupten Politikers. $\rightarrow$

Das Einkommen des Marihuana-Bauers oder des lizenzlosen Taxifahrers hingegen wird vom Staat über den gleichen Kamm geschoren. Die Technologie finanzieller Privatsphäre ist nun durch Bitcoin für all diese Entitäten verfügbar, teils durch die Eigenschaften der Pseudonymität, die Bitcoin selbst mitbringt, teils durch solche Dienste, wie ich sie anbiete, und zunehmend über die zweite Generation an Financial Privacy Tools wie Dark Wallet. Was ich, die Dark-Wallet-Leute und andere Mixing-Dienstbetreiber tun, unterscheidet sich sehr von traditioneller Geldwäsche; wo diese Dienste von großen internationalen Banken wie BCCI oder HSBC nur wohlhabenden Staaten oder dem Staat nahestehenden Akteuren und gewalttätigen nicht-staatlichen kriminellen Gruppen zur Verfügung stehen, machen wir die Tools für finanzielle Privatsphäre, die bislang nur wenigen zur Verfügung stehen, für alle verfügbar, und zwar zu einem viel geringeren Preis. Wir demokratisieren damit die finanzielle Privatsphäre, die bislang nur reichen Leuten und kriminellen Gruppen zur Verfügung steht.

KAPITEL 7

Bitcoin für Gewerbetreibende

Die Vorteile

Bitcoin als Zahlungsmittel ist für Gewerbetreibende bei näherem Hinsehen ein Geschenk des Himmels. Sowohl für unseren heimischen Markt in Deutschland und die gesamte westliche oder auch Erste Welt (worauf ich noch eingehen will), aber und vor allem auch für die Gewerbetreibenden unter den rund fünf bis sechs Milliarden Bewohnern der übrigen Welt und ganz besonders für alle sowohl hier als auch dort, die gerne Gewerbetreibende werden möchten.

Global gesehen

Bitcoin senkt Markteintrittsbarrieren und befähigt Milliarden von Menschen dazu, überhaupt erst an der globalen Wirtschaft teilnehmen zu können. In weiten Teilen der Welt stehen die Bank- und Finanzdienstleistungen, die wir als selbstverständlich betrachten, wie Girokonto, Mastercard und PayPal, dem Durchschnittsbürger nicht zur Verfügung. Dafür gibt es die unterschiedlichsten Gründe, angefangen bei mangelnder Infrastruktur in Entwicklungsländern über politisch motivierte Boykotte der Industrieländer bis hin zu Märkten, die aufgrund ihrer fehlenden Größe für die allesamt in Industrieländern ansässigen Finanzdienstleister unattraktiv sind und deshalb nicht erschlossen werden. Es fehlt somit ganz einfach ein Weg, digitale Zahlungen oder Überweisungen aus dem Ausland überhaupt annehmen zu können, und damit eine der wichtigsten Grundlagen, an einer globalisierten Wirtschaft überhaupt teilnehmen und Produkte oder Dienstleistungen anbieten zu können.

Auch wenn jemand in Uganda noch so schöne handgemachte Ledersandalen herstellt und in der Lage ist, diese in einem Online-Shop anzubieten: Er kann sie Ihnen nicht verkaufen, weil Sie keine auch nur annähernd effektive Möglichkeit haben, ihn zu bezahlen. Auch wenn jemand im Iran ein noch so genialer Programmierer ist: Sie können ihn nicht beauftragen, für Sie Code zu schreiben, weil Sie ihm die Arbeit nicht monetär vergüten können. In all diesen Bereichen erhalten die Menschen überall auf der Welt, sofern sie denn in irgendeiner Form elektronisch vernetzt sind (und es gibt Gegenden auf der Welt, in denen ein Mobiltelefon selbstverständlicher ist als fließend Wasser im Haushalt) mit Bitcoin die Möglichkeit, Geld von Mensch zu Mensch quer über den Globus transferieren zu können. Hierzu muss niemand einen Antrag einreichen, ein Formular ausfüllen, einen Ausweis vorlegen oder eine Erlaubnis einholen. Einfach eine Wallet aufsetzen, die Adresse bekanntgeben, Geld empfangen, und das war's. In welcher Form auch immer sich Kryptowährung disruptiv auf unsere westliche Wirtschaft auswirken mag, die wahre Revolution wird diese Technologie für die anderen fünf Milliarden Menschen bedeuten, denn sie sind es, die durch Bitcoin befähigt werden, am globalen Wirtschaftskreislauf teilzunehmen und ihr Recht auf wirtschaftliche Selbstverwirklichung in Anspruch zu nehmen. Das bedeutet für uns alle auch eine Menge neuer potentieller Geschäftspartner, Lieferanten, Dienstleister und Kunden, öffnet weiten Teilen der Welt den Zugang zu weltweitem Handel und schafft ganz neue Möglichkeiten des globalen Direkthandels.

In Ihrem Ladengeschäft oder Online-Shop

In geringerem Ausmaß trifft das natürlich auch für Europa zu: Auch hier ist das Annehmen digitaler Zahlungen per Kreditkarte oder PayPal mit Anforderungen, Aufwand, Kosten, Kontrollen und Risiken verbunden, die den einen oder anderen auch davon abhalten, überhaupt erst den Versuch zu unternehmen, seine Geschäftsidee in die Tat umzusetzen, und die bei Bitcoin einfach wegfallen. Bitcoin als Zahlungsmittel können Sie sofort in der Minute akzeptieren, in der Sie sich dazu entschließen.

Welche Vorteile bringt das Akzeptieren von Bitcoin aber nun einem bereits bestehendem Unternehmen, sei es nun ein Einzelhändler, ein gastronomischer Betrieb oder auch ein Webshop jeglicher Größe im Vergleich zu elektronischen Zahlungen auf den gewohnten Wegen, typischerweise also per Kreditkarte?

Mit Bitcoin ist es möglich, digitale Zahlungen anzunehmen, ohne Gebühren an einen Zahlungsdienstleister abführen zu müssen (in der Regel um die 3%). Die eingenommenen Bitcoins stehen nach Erhalt sofort (oder nach maximal einigen Bestätigungen aus dem Netz, also nach 20 bis 30 Minuten) zur Verfügung, und nicht erst dann, wenn Mastercard überwiesen und das Geld seinen Weg von Bank zu Bank zurückgelegt hat. Da Bitcoin-Zahlungen nicht reversibel sind, fällt auch das Risiko eines Chargebacks weg, also eines Rückrufs des Geldes durch das Kreditkartenunternehmen, weil die Kreditkarte gestohlen oder der Kunde vielleicht unzufrieden mit der empfangenen Leistung war. Dieses Risiko besteht bei Kreditkarten 180 Tage, so lange behalten sich Visa und Master nämlich vor, die Zahlung zurückfordern zu können.

Nun hören sich 3% Ersparnis nicht an wie die Welt. Es verhält sich aber so, dass viele Unternehmer und gerade die kleinen, von 5-10% Gewinn am Umsatz leben. Nehmen wir der Einfachheit halber einen Unternehmer, der 6% Gewinn macht, dann bedeutet das, dass er die Hälfte seines erwirtschafteten Gewinnes für entsprechende Gebühren ausgibt, damit er Zahlungen empfangen, also Geld für seine Produkte und Dienstleistungen erhalten kann. Der Zahlungsdienstleister erwirtschaftet also bei jedem Geschäftsvorgang genauso viel, wie der gesamte Geschäftsbetrieb mit Gebäuden, Maschinen, Geräten und Mitarbeitern zusammengenommen an Gewinn einnimmt.

Goldman Sachs hat im Frühjahr 2014 eine Einschätzung von Bitcoin und seinem wirtschaftlichen Potential veröffentlicht. Bei ihren Berechnungen kamen die GS-Mitarbeiter zu dem Ergebnis, dass Einzelhändler und Online-Gewerbetreibende alleine weltweit durch den Einsatz von Bitcoin als Zahlungsmittel 167,5 Milliarden USD an Bankgebühren einsparen können. Bei diesen Berechnungen ging man sogar von Transaktionskosten für Bitcoin in Höhe von 1% aus, was heute noch diskutiert werden kann. Rechnet man dieses Prozent noch heraus und geht von einer Bitcoin-basierten Wirtschaft aus, in der niemand mehr Krypto-Währung gegen Fiat-Geld tauschen muss, ergibt sich eine Gesamtersparnis von 277,4 Milliarden USD.

Sollten Sie also Gewerbetreibender sein, rechnen Sie diese Zahlen doch mal für Ihren eigenen Betrieb durch und fragen Sie sich, wie viel Sie zu diesem warmen Regen für die Finanzindustrie beitragen und ob Sie das wirklich wollen oder müssen oder ob Sie nicht eine bessere Verwendung für dieses Geld finden.

Es gibt allerdings noch einen weiteren Vorteil, in diesem Fall sogar ein signifikanter Wettbewerbsvorteil, den Sie für sich geltend machen können, wenn Sie Bitcoin akzeptieren. Dieser hat nichts mit Ihrer eigenen Kostenreduzierung zu tun, sondern mit der Ihrer Kunden, vor allem, wenn sie aus anderen Währungsräumen stammen. Einem Australier, Chinese oder Däne, der zum Beispiel als Tourist zu uns nach Berlin kommt und das tun will, was Touristen gerne tun, nämlich shoppen gehen und Restaurants besuchen, bieten sich zur Bezahlung dieser Tätigkeiten zwei Möglichkeiten: Er kann sein heimisches Bargeld bei Western Union oder MoneyGram am Alexanderplatz gegen Euros umtauschen und dabei bis zu 15% Gebühren bezahlen oder er bezahlt mit Kreditkarte, wobei er ähnliche Kosten hinnehmen muss. Im Bitcoin-Netzwerk besteht kein Unterschied zwischen australischen, chinesischen, dänischen oder deutschen Bitcoins und der Kunde kann mit diesen bezahlen, ohne irgendwelche Umtauschgebühren in Kauf nehmen zu müssen. Hieraus ergibt sich ein weiterer Wettbewerbsvorteil für ein Restaurant mit einem »Bitcoin accepted here«-Aufkleber an der Tür gegenüber einem Restaurant mit einem Mastercard-Logo.

Bitcoin direkt annehmen

Eine der großartigen Eigenschaften des neuen digitalen Geldes ist die Tatsache, dass jeder von uns es ohne jeden Aufwand sofort und direkt akzeptieren kann, ohne Verträge schließen oder Erlaubnis einholen zu müssen. Sie können also auf jedem der im Kapitel Kapitel 3, »Wallets Step by Step« beschriebenen Wege einfach eine Wallet aufsetzen, sei es auf dem PC Ihres Ladengeschäftes oder auf einem eigens für diesen Zweck eingerichteten Tablett, oder auch ganz einfach, indem Sie den Nutzern Ihres Online-Shops eine Bitcoin-Adresse als Zahlungsmöglichkeit anbieten. Dabei sollen Sie vorab einige wenige Entscheidungen treffen.

Die eine betrifft die Anzahl der Empfangsadressen, die Sie nutzen möchten. Sie können alle Zahlungen an ein und derselben Adresse empfangen oder auch für jede Transaktion eine neue Adresse wählen, beides ist mit bestimmen Vor- und Nachteilen verbunden. Wenn Sie immer die gleiche Adresse nutzen, freut das sowohl die Mitarbeiter in Ihrer Buchhaltung als auch den Prüfer vom Finanzamt, da sie immer einen hervorragenden Überblick über alle Ihre Bitcoin-Umsätze haben. Das Gleiche gilt allerdings auch für Ihren Konkurrenten um die Ecke, der an solchen Informationen vielleicht Interesse hat. Dies mag irrelevant sein, wenn der Anteil der mit Bitcoin bezahlten Rechnungen noch sehr gering ist, je höher dieser Anteil jedoch wird, desto mehr Informationen können auch durch Außenstehende eingesehen werden.

Überlegen Sie außerdem, ob die von Ihnen genutzte Wallet einschließlich der dazugehörenden privaten Schlüssel komplett in Ihrem Ladengeschäft zugänglich sein sollte. Das ist zum Beispiel der Fall, wenn Sie die Bitcoin-Wallet for Android oder eine ganz simple Easywallet nutzen möchten, was bedeutet, dass jeder, der in den Besitz der Hardware gelangt, auf dem die Wallet installiert ist, auch Ihre Bitcoins verschicken kann, sei es nun ein unehrlicher Angestellter oder ein Dieb. Das müssen Sie aber gar nicht: Wenn Sie vor Ort einfach nur in der Lage sein wollen, Bitcoins annehmen zu können, dann ist es egal, wo die Wallet mit den privaten Schlüsseln installiert ist, da eine Transaktion an eine Bitcoin-Adresse durchgeführt wird, egal ob die dazugehörige Wallet online oder offline ist und wo sich diese befindet. Ein sehr schönes Werkzeug, um Bitcoin-Zahlungen an eine bestimmte Adresse anzufordern und deren Ausführung beobachten zu können, ist der Blockexplorer von Blockchain.info, der mit jedem Webbrowser eingesetzt werden kann. Hier können Sie wie mit einer richtigen Wallet zum Beispiel einen Euro-Betrag eingeben, dem Kunden einen QR-Code übermitteln und sofort sehen, ob die Transaktion ausgeführt wurde, ohne dass irgendjemand, der auf diese Seite Zugriff hat, die Kontrolle über Ihre Bitcoins erlangen könnte.

Abbildung 7-1: Eine Zahlungsanforderung mit dem Blockexplorer von Blockchain.info

Eine weitere Frage ist die, ob und wie viele Bestätigungen aus dem Netz Sie abwarten möchten, bevor Sie die Bezahlung als erledigt ansehen, um auf diese Weise das Risiko einer sogenannten Double-Spend-Attacke zu vermeiden (näheres zur Double-Spend-Attacke finden Sie im Kapitel »Mining«). Erst, wenn eine oder mehrere Bestätigungen aus dem Netz vorliegen, können Sie sich ganz sicher sein, dass Sie die Bitcoins auch wirklich erhalten haben. Eine Double-Spend-Attacke bedeutet, dass jemand die Bitcoins, die Sie bereits als unbestätigte Transaktion im Netz sehen können, nochmal in einer zweiten Transaktion (an sich selbst) ausgibt, bevor die erste von einem Miner in einen Block aufgenommen wurde. Mit verschiedenen Tricks kann der Angreifer die Wahrscheinlichkeit erhöhen, dass die später gesendete Zahlung zuerst bestätigt und somit die erste ungültig und niemals bestätigt wird. Da die erste Bestätigung für eine Zahlung allerdings auch 10 Minuten (oder unter Umständen noch länger) auf sich warten lassen kann, ist dies offensichtlich keine adäquate Weise, um zum Beispiel einen Cappuccino zum Mitnehmen zu bezahlen. Aktuell arbeiten verschiedene Anbieter an Lösungen, um dieses Risiko für Gewerbetreibende auszuschalten. Bis diese jedoch Marktreife erlangt haben werden, müssen Sie selbst abschätzen, bis zu welchem Betrag Sie dieses Risiko eingehen wollen. Als kleine Hilfestellung dazu: Wie die Gewerbetreibenden auf dem Berliner Bitcoin-Kiez rund um die Graefestrasse berichten, ist hier in den nunmehr drei Jahren, in denen immer mehr Geschäfte Bitcoin akzeptiert haben, noch keine Double-Spend-Attacke vorgekommen. Das heißt aber nicht, dass sich das nicht ändern kann. Und so sehr die Leute hier auch gute Erfahrungen damit gemacht haben, Bitcoin-Bezahlungen für einen Stapel Kopien im Copyshop oder für ein Mittagessen im Restaurant sofort nach Bekanntgabe im Netz – also nach ungefähr einer Sekunde – zu akzeptieren, ohne auch nur eine einzige Bestätigung erhalten zu haben, so wenig sollte man dies bei größeren Beträgen, beispielsweise beim Verkauf eines Autos, tun. Durch die Inanspruchnahme eines Bitcoin-Zahlungsdienstleisters wird dieses Problem allerdings bereits jetzt gelöst, genauso wie das Volatilitätsproblem.

Das Volatilitätsproblem

Das, was aktuell noch ganz klar viele Gewerbetreibende davon abhält, Bitcoin oder andere Kryptowährung zu akzeptieren, ist die ausgesprochen hohe Volatilität, also extrem schwankende Wechselkurse. Auch wenn sich der übergreifende Trend in der Preisentwicklung seit der Existenz von Bitcoin deutlich nach oben entwickelt, gibt es doch regelmäßig Abstürze und oder Phasen, in denen der Bitcoin-Preis langsam aber stetig wieder fällt. Gewerbetreibende, die es sich leisten können, Bitcoins auch mal ein paar Monate halten zu können, begrüßen natürlich den deflationären

Effekt, also das Ansteigen der Kaufkraft von eingenommenem Geld. Wer auf diesen Effekt setzt oder hofft, befindet sich allerdings bereits im Reich der Spekulation und das ist sicherlich für die meisten Unternehmer nicht der Geschäftszweck. Wer ein Geschäft eröffnet und 2,50 EUR für ein Bier berechnet, hat das vorher kalkuliert und möchte und benötigt für dieses Bier 2,50 EUR, nicht 2 EUR heute und 3 EUR im nächsten Monat, denn auf diese Weise kann er kein Geschäft kalkulieren. Des Weiteren geht das Halten von Fremdwährungen natürlich zu Lasten der betrieblichen Liquidität, und wenn die Steuer fällig wird, ist diese in Euro zu bezahlen; die gehaltenen Bitcoins müssen also umgetauscht werden, denn kein Finanzamt wird die Steuerzahlung stunden, weil der Unternehmer gerne einen vorteilhafteren Wechselkurs in Anspruch nehmen und diesen abwarten möchte. Deshalb heißt es in einem solchen Moment auscashen, und zwar zu dem Kurs, der gerade geboten wird, auch wenn dabei Verluste entstehen.

Es ist nicht davon auszugehen, dass Bitcoin in absehbarer Zukunft diese Volatilität überwinden wird. Bitcoin befindet sich in dem Stadium, das als Preisfindungsphase bezeichnet wird. Die überwiegende Mehrheit der Menschen, für die Bitcoin potentiell als Zahlungsmittel in Frage kommt, hat davon noch nicht einmal etwas gehört. Erst wenn all diese Menschen Bitcoin entdeckt und sich dafür – oder dagegen entschieden haben es einzusetzen, werden wir wissen, welchen Preis der Markt für einen Bitcoin gefunden hat.

Es haben sich allerdings mittlerweile einige Unternehmen auf dem Markt eingefunden, die dem Unternehmer jegliches Volatilitäts-Risiko bei der Annahme von Bitcoin abnehmen. Über diese Bitcoin-Zahlungsdienstleister kann jedes legitime Unternehmen Bitcoins akzeptieren, am Ende des Tages werden dann die exakten Rechnungsbeträge in der Währung seiner Wahl auf seinem Bankkonto gutgeschrieben. Die Dienstleister nehmen hierfür allerdings auch eine Gebühr, wenn auch nur bis zu maximal einem Prozent (es lassen sich allerdings auch deutlich bessere Konditionen erzielen). Dies erklärt auch das eine Prozent, das in der weiter vorne erwähnten Goldman-Sachs-Studie mit einberechnet wurde. Zu den Anbietern eines solchen Dienstes zählen Firmen wie BIPS, Coinbase und Bitpay. Auf das zuletzt genannte Unternehmen und dessen Vorgehensweise möchte ich im Anschluss näher eingehen.

Bitpay

Bitpay war der erste (seit 2011) und ist heutzutage der am meisten genutzte Bitcoin-Zahlungsdienstleister. Er hatte zu Beginn des Jahres 2014 bereits einige Zehntausend Kunden, nutzt 40 Sprachen und konvertiert Bitcoins in 150 verschiedene Währungen. Online-Unternehmen bietet Bitpay eine mächtige API (eine Schnittstelle, um eigens programmierte Anwendungen an Bitpay-Dienstleistungen anzubinden, zum Beispiel für Automatisierungszwecke), mehrere Programmbibliotheken (Hilfsmodule für Programme) und Plugins für fast zwei dutzend E-Commerce-Lösungen. Um Bitpay für ein Einzelhandelsgeschäft, einen gastronomischen Betrieb oder einen einfachen Webshop einzusetzen, ist allerdings ein Webbrowser ausreichend.

Wenn Sie mit Bitpay zusammenarbeiten möchten, wird das Unternehmen erst prüfen, ob Sie ein legitimes Geschäft betreiben, Sie also tatsächlich ein Buchhändler sind, ein Restaurant führen oder als Physiotherapeut arbeiten. Dadurch wird sichergestellt, dass über den Service des Unternehmens kein Geld aus illegalen Einnahmequellen gewaschen wird. Unternehmen, die in den Bereichen Glücksspiel, Pornographie oder Drogenhandel angesiedelt sind, werden von Bitpay prinzipiell nicht bedient, auch wenn diese Aktivitäten im Heimatland des betreffenden Anbieters legal sind.

Wenn Sie als Kunde akzeptiert wurden, können Sie, basierend auf Ihrer eigenen Einschätzung in Bezug auf den zu erwartenden Bitcoin-Umsatz definieren, ob Ihnen die eingehenden Zahlungen komplett in Euro gutgeschrieben werden oder ob nur ein bestimmter Prozentsatz Ihrer Wahl konvertiert und der Rest in Bitcoin gutgeschrieben wird.

Abbildung 7-2: Wenn der Kunde diese Zahlung tätigt, landen nicht die Bitcoins in der Wallet, sondern Dollars auf dem Bankkonto des Händlers.

All diese Einstellungen können Sie jederzeit und von einer Minute auf die andere auf dem Ihnen in Ihrem Merchant-Account (Händler-Konto) zur Verfügung stehenden Dashboard (Armaturenbrett) ändern und an Ihre Bedürfnisse anpassen. Die eingenommenen Bitcoins werden von Bitpay in Laufzeit konvertiert und die Überweisung auf Ihr Bankkonto findet (ab 20 Euro Mindestauszahlung) noch am selben Kalendertag statt.

Wenn Sie also Ihren Kunden die Möglichkeit geben möchten, bei Ihnen in Bitcoin zu bezahlen, dabei aber jegliches Volatilitätsrisiko vermeiden wollen, oder wenn Sie nur einen kleinen Teil Ihres Bitcoin-Umsatzes tatsächlich in Bitcoin erhalten möchten, um das Volatilitätsrisiko auf diese Weise zu minimieren, bietet Ihnen die Inanspruchnahme eines Zahlungsdienstleisters hierfür eine direkte Möglichkeit.

Für welche Möglichkeit, Bitcoins in Ihrem Gewerbebetrieb zu akzeptieren, Sie sich auch immer entscheiden, ob direkt oder über einen Dienstleister: Die Tatsache, dass Sie es tun, bietet Ihnen wie auch Ihren Kunden alle Vorteile des neuen Finanzsystems.

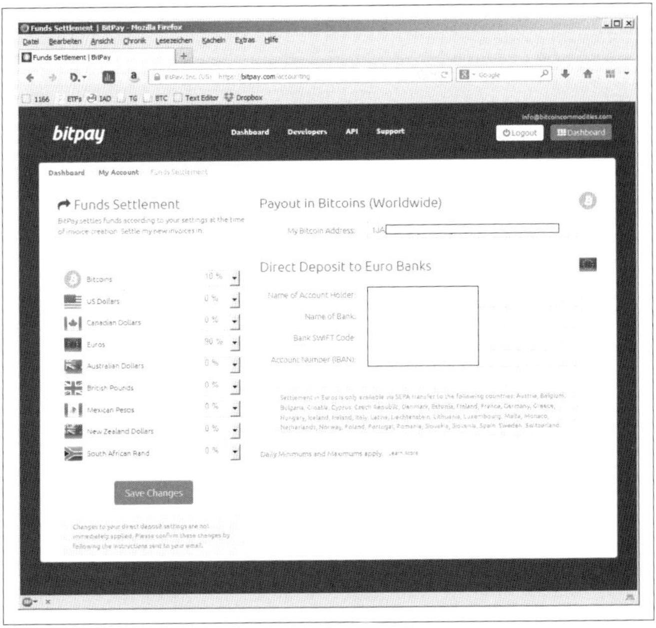

Abbildung 7-3: Als Händler können Sie jederzeit frei entscheiden, ob und zu welchem Anteil Ihnen von Bitpay Fiatgeld bzw. Bitcoins ausbezahlt werden sollen.

Zur steuerlichen Einordnung
Interview mit Christoph-Nikolaus v. Unruh

Nikolaus ist Jurist und arbeitet als Assesor iuris in einer Kanzlei für Steuer- und Insolvenzrecht. Er absolvierte einen berufsbegleitenden Master im Unternehmens- und Steuerrecht und hat seine Masterarbeit über das Thema »Die umsatzsteuerliche Betrachtung von kryptographischen Währungen am Beispiel von Bitcoin-Transaktionen« geschrieben. →

Er ist außerdem der deutsche Co-Autor einer internationalen Publikation der kanadischen Bitcoin-Foundation, »The Law of Bitcoin«. Auch wenn er genau der richtige Mann ist, um ihn zum Thema zu befragen, muss ich hier darauf hinweisen, dass dieses Kapitel auf keinen Fall eine Rechts- oder steuerliche Beratung bieten kann. Diesbezüglich müssen Sie sich unbedingt an Ihren Anwalt oder Steuerberater wenden. Betrachten Sie das hier angeführte Interview daher als vorläufige Einschätzung eines Fachmanns. Die letzten Worte zu dieser Thematik sind noch lange nicht gesprochen, da Regulierer und Gesetzgeber weltweit noch gar nicht in der Lage sind, Bitcoin tatsächlich in ihre regulatorischen Rahmen einzufügen.

Nikolaus, gib uns doch bitte erst einmal eine allgemeine Einordnung von Bitcoin in das ganze steuerrechtliche Thema!

Bei der steuerrechtlichen Einordnung von Bitcoin ist zunächst festzustellen, dass es sich bei Bitcoin ganz allgemein um ein Wirtschaftsgut handelt. Wirtschaftsgüter sind vermögenswerte Vorteile, deren Erlangung ein Kaufmann sich etwas kosten lässt, die nach der Verkehrsauffassung einer besonderen Bewertung zugänglich sind und die einzeln oder im Zusammenhang mit dem Betrieb übertragbar sind. Bei Bitcoin handelt es sich um einen Vermögenswert. Denn Bitcoin verfügt über Kaufkraft und ist zudem an Tauschbörsen in gesetzliche Zahlungsmittel konvertierbar. Kaufleute sind auch bereit, es sich etwas kosten zu lassen, Bitcoin zu erhalten, denn sie sind bereit, Waren oder Dienstleistungen gegen Bitcoin anzubieten. Ein Bitcoin ist auch einer Bewertung zugänglich, weil sein Wert an einschlägigen Börsen ermittelt werden kann. Schlussendlich ist ein Bitcoin auch einzeln übertragbar.

Ist denn mittlerweile überhaupt geklärt, was Bitcoin rechtlich gesehen überhaupt ist?

Abgesehen davon, dass es sich bei Bitcoin um ein Wirtschaftsgut handelt, ist insbesondere umsatzsteuerrechtlich noch nicht geklärt, wie Bitcoin einzuordnen ist. Also als welches Wirtschaftsgut Bitcoin einzuordnen ist. Dies ist von Bedeutung, weil umsatzsteuerrechtlich nicht alle Wirtschaftsgüter gleich behandelt werden. (Beispielsweise sind Umsätze von Wertpapieren umsatzsteuerfrei, Tiernahrung unterliegt der ermäßigten Umsatzsteuer – aber beides sind Wirtschaftsgüter.) Deswegen ist zu klären, um was für ein Wirtschaftsgut es sich bei Bitcoin genau handelt. $\rightarrow$

Einige meinen, dass es sich bei Bitcoin um digitales und privates Geld handelt. Hierfür spricht, dass Bitcoin die wesentlichen Geldmerkmale, die Funktionen als allgemeines Tausch- und Zahlungsmittel sowie als Wertaufbewahrungsmittel und Recheneinheit erfüllt. Andere meinen, dass es sich bei Bitcoin lediglich um eine Form von digitalem Eigentum handelt, und Bitcoin daher wie ein normales Wirtschaftsgut zu behandeln ist. Argumentiert wird damit, dass Geld nur das sein kann, was von staatlichen Stellen als Geld bzw. gesetzliches Zahlungsmittel anerkannt wurde.

Meines Erachtens geht diese Betrachtung fehl, weil zwischen Geld und gesetzlichem Zahlungsmittel unterschieden werden muss. Gesetzliche Zahlungsmittel sind solche, die von einer staatlichen Stelle als solche definiert wurden. Geld ist dagegen übergeordneter Begriff, der nicht nur gesetzliche Zahlungsmittel umfasst sondern Zahlungsmittel im allgemeinen. Zwar soll es andere als gesetzliche Zahlungsmittel in Deutschland nicht geben gemäß § 35 BbankG, allerdings umfasst dieses Verbot nur gedruckte private Währungen. Digitale private Währungen sind von dem Verbot nicht erfasst.

Welche umsatzsteuerrechtlichen Konsequenzen hat es, ob es sich bei Bitcoin um privates Geld oder ein Wirtschaftsgut handelt?

Die Unterscheidung, ob Bitcoin privates Geld oder ein klassisches Wirtschaftsgut (Art von geistigem Eigentum) ist, wird im Umsatzsteuerrecht bedeutsam.

Handelt es sich bei Bitcoin um privates Geld und eine Person kauft etwas von einem Unternehmer gegen Bitcoin, liegt ein umsatzsteuerrechtlich relevanter Vorgang gemäß § 1 I Nr. UstG «Leistung des Unternehmers gegen Entgelt» vor.

Handelt es sich bei Bitcoin dagegen um ein klassisches Wirtschaftsgut, liegt der umsatzsteuerrechtlich relevante Vorgang « tauschähnlicher Umsatz» gemäß § 3 XII 2. Alt vor.

Beide Vorgänge werden im Ergebnis gleich besteuert, so dass hier noch keine praktischen Unterschiede deutlich werden. Doch sofern der Unternehmer die eingenommen Bitcoins wieder eintauschen will, sind die Unterschiede enorm.

Denn sofern es sich bei Bitcoin um eine private Währung handelt, ist der Umtausch umsatzsteuerfrei. Wenn es sich bei Bitcoin dagegen um ein Wirtschaftsgut handelt, und der Unternehmer verkauft dieses Wirtschaftsgut, muss auf diesen Vorgang (wie bei dem Verkauf anderer Wirtschaftsgüter) Umsatzsteuer bezahlt werden. →

Derzeit ist weder gesetzlich noch richterlich entschieden worden, ob es sich bei Bitcoin um eine private Währung handelt oder um eine Form von digitalem Eigentum. Deswegen wird den Unternehmern geraten, einen Fianzdienstleister wie Bitpay zu benutzen, weil dann keine Bitcoin im Unternehmen landen, die wieder verkauft werden müssen.

Und für Privatpersonen: Was ist bei der Einkommensteuer zu berücksichtigen?

Einkommensteuerrechtlich ist es unerheblich, ob Bitcoin ein klassisches Wirtschaftsgut oder privates Geld ist. Bedeutend ist hier dagegen, ob die Bitcoin dem privaten oder einem gewerblichen Vermögen zuzuordnen sind.

Befinden sich die Bitcoin im privaten Vermögen, sind Gewinne aus der Veräußerung gemäß § 23 Abs. 1 Nr. 2, Satz 1, Abs. 3 Satz 5 EstG einkommensteuerfrei. Gewinne aus früheren Veräußerungen sind dagegen zu versteuern. Verluste, die bei der Veräußerung entstehen, dürfen nur mit etwaigen Gewinnen aus Bitcoin-Geschäften verrechnet werden. Gewinn und Verlust im Sinne dieser Norm ist die Differenz zwischen Veräußerungspreis einerseits und Anschaffungspreis andererseits.

Befinden sich die Bitcoin dagegen im Betriebsvermögen, so sind die Einkünfte aus den Veräußerungsgeschäften immer mit zu berücksichtigen.

Wenn eine Person regelmäßig mit Bitcoin handelt, kann diese Person Unternehmer im steuerrechtlichen Sinne werden, ohne dass es einer Gewerbeanmeldung etc. Bedarf, gemäß § 14 AO.

KAPITEL 8

Bitcoin-Mining

Bitcoins schürfen

In fast jedem ein wenig ausführlicheren Presse-Artikel über Bitcoin wird die Tatsache erwähnt, dass sich Bitcoins mal eben auf dem heimischen Rechner irgendwie selbst herstellen lassen, indem Bitcoin-Mining betrieben wird. In diesem Kapitel möchte ich erläutern, was es damit auf sich hat, auch wenn eine Step-by-Step-Anleitung dazu den Rahmen dieses Paperbacks bei Weitem sprengen würde.

Bei Bitcoin-Mining handelt es sich um einen Mechanismus, mit dem Bitcoins geschaffen werden. Der Begriff »Mining« stammt aus dem Englischen und bedeutet »schürfen«. Er wurde wohl herangezogen, um eine Analogie zu »Gold schürfen« herauszustellen, denn wie beim Gold sind die zu schürfenden Bitcoins bereits vorhanden, sie müssen nur erst gefunden werden, so wie wir Gold auch nicht selbst herstellen, sondern bereits ein Bestandteil in der Erde ist, wo wir es finden und ausgraben müssen, um es nutzen zu können.

Das Mining ist eine recht komplizierte, technische Angelegenheit. Dennoch macht es auch dann Sinn, sich mit dem dahinter stehenden Prinzip zu beschäftigen, wenn Sie nicht die Absicht haben, sich über diesen Weg Bitcoins zu verschaffen, handelt es sich doch um einen Mechanismus, durch den einerseits das Geldmengenwachstum von Bitcoin gesteuert und andererseits die gemeinsame Buchhaltung ermöglicht und deren Richtigkeit überprüft wird. Beides sind Aspekte von Geld, die zu verstehen wichtig sind, um das Vertrauen in dieses Geld zu rechtfertigen.

Die Blockchain als Grundlage der verteilten Buchhaltung

Wie bereits erläutert wurde ist die Grundlage für das Funktionieren des Bitcoin-Netzwerks die über alle Netzwerkteilnehmer weltweit verteilte Buchhaltung. Anders als bei einer zentralen Instanz wie einer Bank, die in einer zentralen Datenbank alle Informationen darüber vorhält, wem was gehört, wird diese Aufgabe auf alle Beteiligten aufgeteilt, die somit diese Buchhaltung parallel führen und sie permanent untereinander abgleichen.

Durch das Mining werden getätigte Bitcoin-Transaktionen der gemeinsamen Buchhaltung hinzugefügt und zwar in Form von sogenannten Blöcken, die diese Transaktionen enthalten. Diese Blöcke bauen aufeinander auf und beinhalten jeweils auch einen Hash des vorangegangenen Blocks, so dass eine Kette von zusammenhängenden Blöcken entsteht, die Blockchain.

Ein Hash ist das Ergebnis einer komplexen mathematischen Aufgabe, das leicht reproduzierbar, aber unmöglich umzukehren ist. Stellen Sie sich vor, jemand addiert zwei Zahlen und das Ergebnis ist 23.421,337. Wenn Sie nur dieses Ergebnis haben, ist es vollkommen unmöglich, herauszufinden, welche Zahlen dabei nun addiert wurden. Wenn aber auch die beiden Zahlen bekannt sind, nämlich zum Beispiel 16.859,025 und 6.562,312, können Sie definitiv bestätigen, dass die Aufgabe korrekt gelöst wurde. Bei den dem Bitcoin-Mining zugrundeliegenden Hashing-Aufgaben wird eigentlich nur eine Zahl gesucht, die ganz bestimmten Anforderungen entspricht und ein ganz bestimmtes Format aufweist, sie folgen aber diesem Prinzip der leichten Überprüf-, aber unmöglichen Umkehrbarkeit. Immer wenn ein Miner eine solche Zahl gefunden hat, wird ein neuer Block generiert und an die übrigen Netzwerkteilnehmer geschickt. Da alle geschürften Blöcke mathematisch aufeinander aufbauen, werden mit jedem errechneten Block nicht nur die Transaktionen der letzten 10 Minuten, sondern alle vorher errechneten Blöcke und somit alle jemals getätigten Bitcoin-Transaktionen erneut bestätigt.

Die für das Mining herangezogenen mathematischen Aufgaben weisen außerdem einen sich immer wieder ändernden Schwierigkeitsgrad auf, die so genannte Difficulty. Dieser richtet sich nach der dem Netzwerk zur Verfügung stehenden Rechenkapazität. Etwa alle 10 Minuten soll laut Protokoll ein solcher Block generiert werden. Je mehr Computer sich allerdings an dem Versuch beteiligen, die Lösung zu finden, desto schneller wird das Ganze. Das Netzwerk sorgt daher mit der Anpassung der Difficulty dafür, dass die schwankend zur Verfügung stehende Rechenkapazitäten ausgeglichen und somit Blöcke nicht schneller oder langsamer als alle 10 Minuten errechnet werden. Die Anpassung erfolgt alle 2016 Blöcke und zwar immer so, dass die letzten 2016 Blöcke in genau zwei Wochen geschürft worden wären, wenn alle Miner mit der betreffenden Difficulty gerechnet hätten.

Aufgrund der beschriebenen Einbahnstraßen-Natur der hier verwendeten mathematischen Aufgaben ist es jedem Netzwerkteilnehmer problemlos möglich, zu überprüfen, ob das vom Miner errechnete Ergebnis auch stimmt. Wenn das Ergebnis der Überprüfung positiv ist, leitet der Netzwerkknoten den überprüften neuen Block an die mit ihm verbundenen andern Netzwerkteilnehmer weiter, die diesen ebenfalls überprüfen, bevor sie ihn in die bei ihnen lokal vorhandene Version der Blockchain einfügen.

Zur Veranschaulichung können Sie sich diese System auch als tausende über den Globus verteilte Buchhalter vorstellen, die jeden von einem anderen Buchhalter getätigten Buchungssatz prüfen, unterschreiben und dann den anderen Buchhaltern mitteilen, dass dieser Buchungssatz korrekt ist.

Konsensfindung durch Arbeitsbeweis

Das Mining dient nicht nur der Buchung von Transaktionen und deren Bestätigung. Da es keine zentralen Stelle gibt, die das letzte Wort und somit die Entscheidungsgewalt hat, muss im Bitcoin-Netzwerk ein anderer Mechanismus herangezogen werden, um sicherzustellen, dass allen Teilnehmern die gleiche Buchhaltung vorliegt und sie sich auf diese geeinigt und als gemeinsamen Konsens akzeptiert haben. Diese gemeinsame Konsensfindung in verteilten Netzwerken war in der Tat ein ungelöstes Problem, bevor Satoshi Nakamoto sein Konzept des »verteilten Zeitstempelsystems für Verträge« (so der Titel des ursprünglichen Whitepapers) vorstellte.

In der Wissenschaft wird dieses bislang ungelöste Problem als das »Problem der byzantinischen Generäle« bezeichnet, und deren Problem ist folgendes: Stellen wir uns vor, sechs byzantinische Generäle haben mit ihren sechs Armeen eine feindliche Stadt umzingelt und wollen diese erobern. Sie wissen, dass dazu die Mehrheit von ihnen zum gleichen Zeitpunkt angreifen muss. Wann dies sein wird, ist den Generälen egal, sie müssen sich aber auf den Zeitpunkt einigen, weil ansonsten die Schlacht verloren ist. Durch die räumliche Trennung können sie aber nur durch Boten miteinander kommunizieren, die zwischen den Generälen hin- und hergeschickt werden. Wie aber können sie sich sicher sein, dass die ankommenden Botschaften auch wirklich stimmen? Vielleicht lügt der Bote, der auf seinem Weg durch die zu erobernde Stadt geschickt wurde und nun ein Spion der Feinde ist, oder vielleicht befindet sich unter den anderen Generälen ein Verräter, der den Angriff sabotieren will? Eine andere Frage ist die, wie sie es vermeiden, dass einige Generäle zuerst von dem einen, die anderen Generäle aber zuerst von einem anderen vorgeschlagenen Angriffszeitpunkt erfahren und diesen jeweils als den ansehen, auf den sich alle geeinigt haben?

Nakamotos nobelpreiswürdige Lösung zur Findung dieses Konsens beruht auf dem sogenannten Proof-of-Work-Verfahren, also der Erbringung eines Arbeitsbeweises, und der funktioniert so: Sobald einem der Generäle (gleichzusetzen mit unseren Minern) der Vorschlag zum Angriffszeitpunkt von einem anderen General mitgeteilt wird, nimmt er diesen in eine Hash-basierte Rechenaufgabe mit auf, die so kompliziert ist, dass wenn alle Generäle gleichzeitig rechnen, es ca. 10 Minuten dauert, bis einer von ihnen die Lösung findet. Wenn einer von ihnen die Lösung gefunden hat, teilt er diese den anderen Generälen mit, die die Richtigkeit der Lösung überprüfen und diese Lösung wiederum als Grundlage in die nächste zu errechnende Aufgabe übernehmen.

Wenn diese gefunden und somit der nächste Arbeitsbeweis erbracht wurde, beinhaltet er zweifelsfrei den vorangegangenen, es entsteht also eine Kette von aufeinander basierenden Arbeitsbeweisen. Falls einem der Generäle nun unterschiedliche Arbeitsbeweise vorliegen, zieht er einfach die längste vorliegende Kette (also die längste Version der Blockchain) als Grundlage für seine weiteren Berechnungen heran, da diese offensichtlich auf dem Angriffszeitpunkt basiert, auf den sich bislang die meisten Generäle geeinigt haben. Jeder zusätzlich erbrachte Arbeitsbeweis ist hierfür eine neue Bestätigung, und so ist in der Bitcoin-Blockchain jeder neue Arbeitsbeweis eine Bestätigung aller vorher erbrachten und somit der gesamten Buchhaltung sowie aller jemals getätigten Transaktionen.

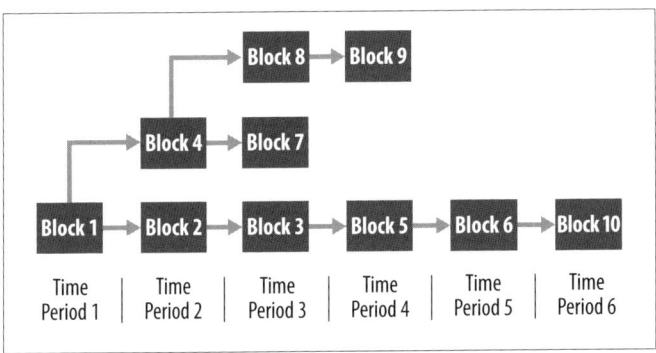

Abbildung 8-1: Die längste zur Verfügung stehende Blockchain stellt zweifelsfrei den Konsens der Teilnehmer des Bitcoin-Netzwerkes dar.

Die Anwendung dieses Systems ist es auch, durch die sichergestellt ist, dass Bitcoins nicht mehrfach ausgegeben werden können. Je öfter eine Transaktion bestätigt wurde, desto mehr Netzwerkteilnehmer haben sich offensichtlich darauf geeinigt, dass diese Buchung richtig ist, und jeder ehrliche Netzwerkteilnehmer wird immer diese Version der Buchhaltung als Grundlage für weitere Transaktionen heranziehen. Die Zahlung von einer Bitcoin-Adresse, die mehr Bestätigungen aufweist als eine andere Zahlung der gleichen Bitcoins, ist immer die richtige und somit der Konsens, den das Netzwerk gefunden hat.

Die Belohnung

Die Bitcoin-Miner erfüllen also für das Bitcoin-Netzwerk wichtige essentielle Aufgaben wie die Bestätigung der Richtigkeit von einzelnen Buchungen und des Konsens des Netzwerkes, ohne die Bitcoin unmöglich funktionieren könnte.

Hierzu müssen sie Arbeit in Form von Rechenarbeit aufwenden, für deren Erbringung Computer-Hardware und Strom erforderlich sind. Um allerdings jemanden dazu zu motivieren, eine bestimmte Arbeit zu verrichten, muss ihm eine Belohnung in Aussicht gestellt werden, und hier kommt die Block-Reward ins Spiel.

Für jeden gefundenen Block erhält der Miner eine Belohnung in Form von gutgeschriebenen Bitcoins. Die Anzahl der auf diese Weise ausgeschütteten Bitcoins ist im Bitcoin-Protokoll definiert und halbiert sich nach jeweils 210.000 Blöcken, also ungefähr alle vier Jahre. Waren dies zu Beginn 50 XBT pro gefundenem Block sind es mittlerweile nur noch 25. Die Block-Reward stellt somit also nicht nur eine Belohnung für die Bitcoin-Miner dar, sondern steuert auch das Geldmengenwachstum in der Bitcoin-Ökonomie, das hierdurch hervorragend transparent und vorhersehbar und vor allem endlich ist. Nicht zuletzt ist ja die nicht vorhandene Gefahr, Bitcoin zu inflationieren, also die Geldmenge willkürlich zu erhöhen und somit die Kaufkraft der einzelnen Währungseinheit zu verringern, so wie wir es von unserem Fiat-Geld kennen, einer der Punkte, die Bitcoin für viele Menschen so attraktiv machen.

Da der wachsenden Nachfrage nach Bitcoins ein limitiertes und vorausberechenbares Angebot gegenübersteht, führt dies dazu, dass der Preis für einen einzelnen Bitcoin steigt. Hier findet sich auch die Erklärung für ein Phänomen, das bei der ersten Halbierung der Block-Reward von 50 auf 25 XBT beobachtet werden konnte und das für Außenstehende schwer nachzuvollziehen war. Weltweit fanden zu diesem Zeitpunkt nämlich in der Bitcoin-Community Block-Reward-Halbierungsparties statt und der eine oder andere fragte sich, wieso diese Bitcoin-Miner feiern, wenn de facto die Entlohnung ihrer Arbeit mal eben um die Hälfte reduziert wird. Der Grund hierfür liegt ganz einfach darin, dass die meisten Bitcoin-Miner sich des wertsteigernden Effektes der Verringerung des Angebotes bei steigender Nachfrage bewusst sind und davon ausgehen, dass diese Wertsteigerung langfristig die Kaufkraft aus ihrer Entlohnung steigert.

An dieser Stelle stellt sich natürlich die Frage, wer denn noch Interesse daran haben wird, die betreffende Arbeit zu verrichten, wenn alle Bitcoins geschürft sind und keine neuen mehr als Belohnung ausgeschüttet werden können. Hier kommt die Transaktionsgebühr bei Bitcoin-Überweisungen ins Spiel.

Noch eine Belohnung: die Transaktionsgebühren

Eine häufige Aussage ist die, dass einer der großen Vorteile von Bitcoin darin bestehe, dass bei Transaktionen keine Gebühren anfallen. Sie stimmt aber so nicht ganz. Richtiger müsste sie folgendermaßen lauten: flexible Gebühren im Bereich keine bis fast keine.

Die aktuell (Mitte 2014) von den meisten Bitcoin-Wallets standardmäßig voreingestellte Überweisungsgebühr beträgt 0,0001 Bitcoin, umgerechnet also ca. 5 Eurocent. Sie können die Höhe der Gebühr für eine einzelne Transaktion jedoch auch nach eigenem Gutdünken selbst festlegen oder ganz weglassen. Dies kann sich allerdings auf die Geschwindigkeit auswirken, mit der Ihre Transaktion verarbeitet, also vom Netzwerk bestätigt wird.

Da stellt sich natürlich die Frage, was das soll und wer eigentlich in einem dezentralisierten Netzwerk diese Gebühren erhält. Wie überall auf der Welt sind das auch bei Bitcoin diejenigen, die die Arbeit übernehmen, also die Miner. Wenn ein Miner einen Block findet, erhält er alle Transaktionsgebühren, die den mit diesem Block bestätigten Transaktionen beigefügt wurden. Wie wir wissen, erhalten die Miner zwar für jeden Block, den sie erzeugen, die sogenannte Block-Reward. Diese jedoch halbiert sich ca. alle vier Jahre, das nächste Mal im Jahre 2016 von 25 auf 12,5 Bitcoins, vier Jahre später auf 6,25, dann auf 3,125 und so weiter. Im Jahre 2044 wird die Block-Reward somit bei unter 0,1 Bitcoins fallen und irgendwann so gering sein, dass eine andere Motivation erforderlich sein wird, um Menschen dazu zu bewegen, das essentiell notwendige Bitcoin-Mining zu betreiben. Und dies sind eben die Transaktionsgebühren.

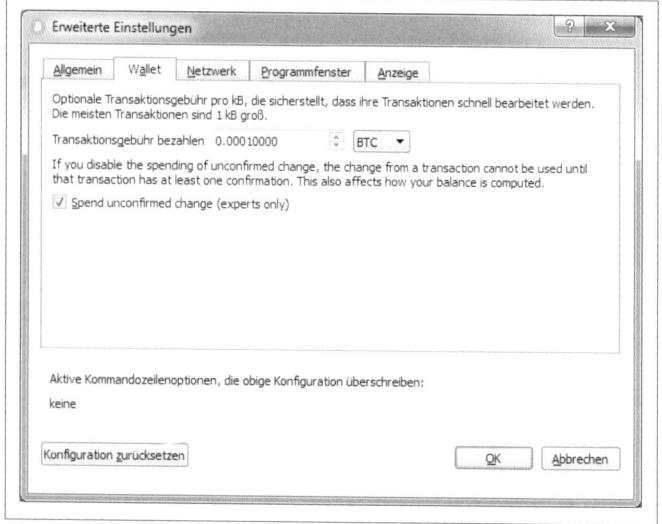

Abbildung 8-2: Im Bitcoin-Kern-Client lassen sich unter den erweiterten Einstellungen die Transaktionsgebühren voreinstellen und für jede einzelne Transaktion ändern.

Jeder Miner kann selbst entscheiden, welche Transaktionen er verarbeitet und welche nicht. Bislang nehmen die meisten Miner auch Transaktionen, denen gar keine Gebühr beigefügt wurde, in ihre Blöcke mit auf. Das liegt zum einen daran, dass dies so furchtbar aufwändig nicht ist, dass die Miner ja heutzutage noch durch die Block-Reward recht gut bezahlt werden und sicherlich auch daran, dass es im ureigensten Interesse eines jeden Miners selbst liegt, dass das Bitcoin-Netzwerk für alle Teilnehmer möglichst gut und reibungslos funktioniert. Dies wird sich aber mehr und mehr ändern, wenn diese Bezahlung wie oben beschrieben immer weniger wird.

Es ist also sehr wahrscheinlich, dass mit der Zeit immer mehr Miner dazu übergehen werden, Transaktionen ohne Gebühren einfach links liegen zu lassen, sprich sie nicht in den nächsten Block mit aufzunehmen. Einige Miner tun dies heute schon: wenn jemand im Einzelhandel oder in der Gastronomie kleinere Beträge bereits mit Null Bestätigungen akzeptiert, werden dabei hin und wieder auch Zahlungen enthalten sein, die zwar im Netzwerk sichtbar sind, bei denen es aber extrem lange dauert, bis sie bestätigt wurden. Schaut man sich diese genauer an, sind es immer solche, denen keine Gebühr beigefügt wurde.

Bleibt noch zu erwähnen, dass die Gebühren für Bitcoin-Transaktionen einem völlig freien Markt unterliegen. Es gibt keine Instanz, die die Höhe oder auch nur den Rahmen der Gebühren festlegt. Das bedeutet, dass sich aufgrund des entstehenden Wettbewerbes die Höhe der Gebühren auf Dauer bei etwas über dem Kostenaufwand einpendeln wird, den die Miner zu tragen haben, und dass die Miner eine starke Motivation haben, so kostengünstig wie möglich zu minen, zum Beispiel indem Sie ihre Rechner dort betreiben, wo der Strom am günstigsten ist. Unter dem Selbstkostenpreis wird niemand Bitcoins minen, aber sehr viel darüber kann auch niemand verlangen, weil es sonst immer jemanden geben wird, der günstiger ist. Die Globalität und die niedrigen Markteintrittsbarrieren des Systems Bitcoin garantieren diesen freien Markt, der in unserem klassischen Finanzsystem unmöglich ist. Niemand kann mal eben eine Bank gründen und internationale Transaktionen günstiger anbieten als die anderen Banken, um ihnen Konkurrenz zu machen, aber jeder kann Bitcoin-Miner werden und zu günstigeren Gebühren Transaktionen verarbeiten.

Die 51%-Attacke

Bitcoin hat ein Problem, das theoretisch lange bekannt war und mit dem die junge Bitcoin-Community immer erfolgreich umgehen konnte, dass aber Ende Juni 2014 auf einmal Wirklichkeit wurde: die Möglichkeit, dass irgendjemand mehr als 50% der gesamten Hashing-Power (Rechenkapazität) des Netzwerkes kontrollieren konnte.

Möglich wird dieses Szenario durch die Mining Pools. Bei Mining Pools handelt es sich um Zusammenschlüsse vieler Miner, die ihre Rechenkapazität zusammenkoppeln, um Bitcoin-Mining effizienter und besser kalkulierbar zu betreiben. Die Mining-Rewards der vom Pool gefundenen Blöcke werden prozentual entsprechend der beigetragenen Rechenleistung unter den zusammengeschlossenen Minern aufgeteilt, egal wer von ihnen den konkreten Block gefunden hat. Ein einzelner Miner hat zwar, egal wie groß die Rechenkapazität ist, die ihm zur Verfügung steht, statistisch gesehen in Relation zu allen anderen exakt die gleichen Chancen, einen Block zu finden, er kann aber auch Pech haben und einfach längere Zeit keinen Block finden, bevor dies jemand anderes tut. Je umfangreicher ein Mining Pool ist, desto geringer wird dieses Risiko. Hierdurch entsteht offensichtlich eine Eigendynamik: Je größer ein Pool ist, desto mehr Leute möchten diesen Pool nutzen, wodurch er wiederum weiter anwächst.

Pooled Mining war ursprünglich im Konzept von Bitcoin überhaupt nicht vorgesehen, stellt aber eine logische Entwicklung dar. Die ersten Pools wurden von Privatleuten auf die Beine gestellt (z.B. eligius.st oder Slush's Pool unter *https://mining.bitcoin.cz/*), die erkannten, dass sich gemeinsam ein für alle Beteiligten besseres Ergebnis erzielen ließ. Wenn nun die Größe eines Pools 50% der gesamten im Netzwerk vorhandenen Rechenkapazität übersteigt, gewinnt derjenige, der diesen Pool kontrolliert, dadurch eine nie vorgesehene Machtposition im Bitcoin- Netzwerk. Er wird statistisch gesehen immer derjenige sein, der den nächsten Block schneller als alle anderen findet, und erlangt dadurch eine gewisse Kontrolle über die Blockchain. Mit dieser Kontrolle kann er zum Beispiel Folgendes tun:

- Eigene Transaktionen rückgängig machen, während er die Kontrolle über die Blockchain hat, und somit Geld mehrmals ausgeben.

- Verhindern, dass andere Miner gültige Blöcke generieren und somit.

- Verhindern, dass Transaktionen anderer überhaupt Bestätigungen erhalten.

Aus unserem wunderschön dezentralisierten und unangreifbaren Netzwerk wird somit auf einmal ein – zumindest in Teilbereichen – zentral kontrollierbares System, das der Willkür einer einzigen Instanz (des Pool-Betreibers) unterliegt. Folgende Aktionen kann diese Instanz allerdings nicht durchführen:

- die Transaktionen anderer rückgängig machen,
- fremde Transaktionen verhindern (auch wenn diese nie bestätigt werden),
- die Block-Reward für sich selbst erhöhen oder Bitcoins einfach so generieren oder
- Coins versenden, die ihm nie gehört haben.

Nun ist natürlich zu berücksichtigen, dass es für keine gewinnorientierte Person oder Organisation (und Miner und Mining-Pools sind gewinnorientiert) einen vernünftigen Grund gibt, die momentan gewonnene Macht entsprechend der oben beschriebenen Möglichkeiten auszunutzen. Derjenige, der in dieser Position ist, hat zweifelsfrei selbst sehr viel Geld in die Bitcoin-Ökonomie investiert und würde diese Investition, sofern er seine Position ausnützen würde, massiv gefährden, weil die gesamte Bitcoin-Ökonomie einen gewaltigen Schaden erleiden würde. Der durch eine solche 51%-Attacke erzielte Gewinn wäre also wirtschaftlich marginal gegenüber dem dadurch selbst erlittenen Verlust. Leider ist aber die menschliche Vernunft kein Fels, auf dem allein ein globales Finanzsystem aufgebaut werden sollte, und sicherlich gibt es auch Personen und Organisationen, die gerne jede Menge Geld investieren, um ein solches dezentralisiertes Finanzsystem zu verhindern oder ihm zumindest zu schaden. Und sicherlich wird auch der ehrlichste und wohlgesonnenste Pool-Betreiber, wenn er zum Beispiel eine richterliche Anordnung erhält, Transaktionen von oder zu bestimmten Adressen aufzuhalten, dieser Anordnung lieber folgen, als für die Prinzipien der Transaktionsfreiheit ins Gefängnis zu wandern. Es gilt also zu verhindern, dass überhaupt irgendjemand in diese Position gelangen kann, weshalb sich Pool-Betreiber in den frühen, eher durch Enthusiasmus für die Technologie und Idealismus geprägten Zeiten selbst gewisse Wachstumsgrenzen auferlegten. Als zum Beispiel der Pool der BTC-Guild (*www.btcguild.com*)

im Frühjahr 2013 verdächtig viel Rechenkapazität vereinigte und dies entsprechenden Aufruhr in der Bitcoin-Community verursachte, führten dessen Betreiber selbst Regeln ein, die ein Anwachsen ihres eigenen Anteils an der gesamten Hashing-Power des Netzes auf auch nur annähernd 50% verhinderten. Ab einem Anteil von 40% sollte zum Beispiel die Aufnahme neuer Pool-Nutzer streng limitiert werden und an bestehende Nutzer die Aufforderung ergehen, andere Pools zu nutzen.

Diese vernunftbasierte und uneigennützige Herangehensweise funktionierte erstaunlich lange, nämlich bis zum Juni 2014, als ein Pool namens ghash.io eben diese Grenze überschritt und das obwohl im Vorlauf zu der Überschreitung dieser magischen Grenze in sämtlichen relevanten Bitcoin-Foren alle Miner dazu aufgerufen wurden, ghash zu verlassen und sich anderer Pools zu bedienen.

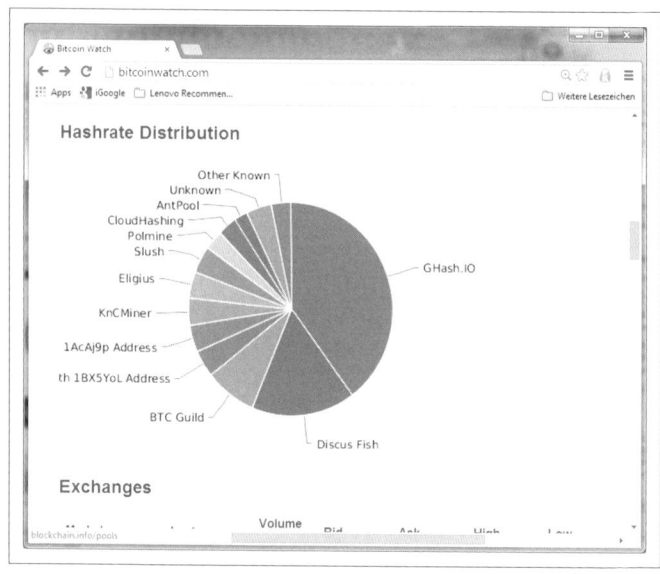

Abbildung 8-3: Die Verteilung der Hashrate im Netzwerk auf die verschiedenen Pools kann man zum Beispiel auf www.bitcoinwatch.com einsehen.

Ebenso klar ist aber auch, dass diese Situation nicht dem Good-Will bestimmter Firmen oder Personen überlassen bleiben konnte, denn sonst wären die gesamten, der Bitcoin-Philosophie zugrunde liegenden Prinzipien der Dezentralisiertheit für die Katz und somit das gesamte System obsolet. Ansätze wie Peer-to-Peer-Mining-Pools (siehe p2pool.in), also dezentralisierte Pools, über die niemand die Kontrolle hat, sind sicherlich eine gute Idee, verhindern aber nicht prinzipiell, dass Nutzer sich einem eventuell profitableren aber zentral kontrollierten Pool anschließen. Dezentralisiertheit muss durch technologische Implementierung, nicht durch freiwillige Entscheidung garantiert werden. Hier hat die Bitcoin-Community aktuell noch ein Problem, das dringend einer Lösung bedarf, worüber auf allen Ebenen in der Bitcoin-Ökonomie diskutiert wird.

Die Double-Spend Race-Attacke

Wer sich mit Bitcoin beschäftigt, stößt eher früher als später auf den Begriff der Double-Spend-Attacke und den Ratschlag, keine Transaktionen ohne Bestätigungen aus dem Netzwerk zu akzeptieren. Wie im Kapitel für Gewerbetreibende bereits beschrieben wurde, stellt diese bislang eine eher theoretische Gefahr dar. Das kann sich aber ändern, weshalb ich hier auf das Thema noch ein wenig näher eingehen möchte.

Im Kapitel 8, »Bitcoin-Mining« wurde ja bereits beschrieben, dass jemand, der mehr als 50% der im Netzwerk vorhandenen Rechenpower kontrolliert, eine solche Attacke ausführen, also Geld zweimal ausgeben kann. Dies ist aber auch ohne eine solche Machtposition möglich, wobei es in der Regel das Ziel ist, jemandem eine Bezahlung vorzutäuschen (sei es jemandem gegenüber, der Bitcoins gegen Bargeld kauft, oder sei es, um im Restaurant die Rechnung zu bezahlen, um dann unbehelligt zu gehen) und das gleiche Geld schnell noch einmal an eine andere, eigene Adresse zu schicken.

Die hierbei wahrscheinlichste Methode ist die sogenannte »Race-Attack«, bei der das Ziel darin besteht, dass die als zweite ausgeführte Zahlung an die eigene Adresse schneller vom Netzwerk bestätigt wird als die erste, die der Handelspartner im Netz gesehen und ohne Bestätigung akzeptiert hat.

Wie sich dies auf relativ einfache Weise erreichen lässt, hat der Bitcoin Core-Entwickler Peter Todd bereits eindrucksvoll bewiesen und der Öffentlichkeit demonstriert. Hierbei hat er verschiedene Wege aufgezeigt, die dazu führen, dass die zweite Transaktion von Bitcoins, die gerade bereits schon einmal überwiesen wurden, schneller als die erste Transaktion eine Bestätigung erhält, also quasi das Rennen macht.

Wenn zum Beispiel die erste Transaktion ohne Überweisungsgebühren angewiesen wird, die zweite aber mit Gebühren, und der Miner, der den nächsten Block findet, keine Transaktionen ohne diese Gebühren akzeptiert, wird dieser Miner die zweite Transaktion mit dem nächsten Block bestätigen und die erste Transaktion wird von allen anderen Netzteilnehmern verworfen (da dieses Geld nun ja bereits durch die erste Transaktion verbucht wurde), obwohl sie einige Zeit im Netzwerk sichtbar war.

Auf die gleiche Weise lässt sich die Tatsache ausnutzen, dass manche Miner bzw. Mining Pools Überweisungen an bestimmte Adressen nicht aufnehmen. So akzeptieren Eligius und andere zum Beispiel keine Überweisungen an Adressen von Satoshi Dice, einem Bitcoin-Glückspiel, da dieses Spiel mit außerordentlich vielen und sehr kleinen Überweisungen arbeitet und somit mehr Rechenkapazität als andere Transaktionen erfordert, um sie zu bestätigen. Außerdem gibt es Adressen, zu denen die privaten Schlüssel öffentlich bekannt sind und die von vielen Minern nicht mit in ihre Blöcke aufgenommen werden, da die Miner davon ausgehen, dass der Sender einen fatalen Fehler gemacht hat und die Zahlung eigentlich woanders verbucht werden sollte (wenn Geld an eine solche Adresse geschickt wird, kann es jeder auf der Welt sofort an sich selbst weiterschicken) und die Miner dem Sender den Verlust des Geldes ersparen möchten.

Wird eine dieser Adressen als Wechselgeldadresse für die erste Transaktion definiert, bleibt diese höchst wahrscheinlich lange oder sogar für immer unbestätigt und der Angreifer hat genügend Zeit, das Geld noch einmal an sich selbst zu überweisen, während der Zahlungsempfänger auf die Bestätigung der Transaktion wartet, die er ja bereits im Netz gesehen hat.

Überlegen Sie also genau, bis zu welchem Betrag Sie unbestätigte Transaktionen akzeptieren wollen. Je höher der Betrag ist, desto höher ist auch die Motivation für einen Betrüger, die erforderliche Zeit und die notwendigen Ressourcen aufzuwenden und eine Double-Spend-Attacke durchzuführen.

Mining Hardware

Die für das Schürfen von Bitcoins erforderliche Hardware hat in den ersten fünf Jahren der Existenz des Bitcoin-Netzwerkes bereits eine sehr dynamische Entwicklung durchlaufen.

Zu Beginn war es noch problemlos möglich, mit jeder CPU (dem Prozessor eines normalen Computers) Bitcoins zu schürfen, so dass die Block-Reward gutgeschrieben wurde. Es stellte sich allerdings schnell heraus, dass die Prozessoren von Grafikkarten sehr viel besser geeignet waren, diese speziellen Rechenaufgaben zu lösen, womit das Zeitalter des GPU-Mining anbrach (Graphics Processing Units, vorzugsweise schnelle Grafikkarten, wie man sie für grafikintensive Computerspiele einsetzt). Bitcoin-Miner bauten sich selbst Mining-Rigs aus mehreren parallel arbeitenden Grafikkarten und mussten aufgrund der extrem hohen Hitzeentwicklung starke Lüfter an diesen anbringen, damit sie sich nicht überhitzten. GPUs wurden abgelöst von FPGA-Mining-Rigs (Field Programmable Gate Arrays, also programmierbare integrierte Schaltkreise), die noch effizienter waren und weniger Strom verbrauchten.

Mittlerweile sind wir im Zeitalter des ASIC-Mining (Application Specific Integrated Circuit oder auf deutsch anwendungsspezifische integrierte Schaltungen) angekommen. Bei den ASIC-Minern handelt es sich um sehr teure Maschinen, die einzig und alleine dazu dienen, Bitcoins zu schürfen, und sich nicht mehr anderweitig einsetzen lassen, also nicht einmal als schnelle Grafikkarte für den Gaming-Rechner.

Das Bitcoin-Mining ist somit bereits ein professionelles Geschäftsmodell geworden, das mit hoch spezialisierter Hardware und unter immensem Elektrizitätsaufwand betrieben wird. Aufgrund dieses Stromverbrauches siedeln sich Mining-Farmen vorzugsweise in Ländern mit geringen Energiekosten an, wie zum Beispiel in Island, wo durch geothermische Kraftwerke Elektrizität im Überfluss vorhanden ist. Des Weiteren macht es mittlerweile keinen Sinn mehr, sogenanntes Solo-Mining zu betreiben, also tatsächlich alleine Mining-Hardware einzusetzen und zu versuchen, damit selbst ganze Blöcke zu finden. Vielmehr schließen sich heutzutage fast alle Miner (außer solchen mit wirklich viel Rechenkapazität) in Mining-Pools zusammen. Beim Pool-Mining legen viele Miner gemeinsam ihre Rechenkapazität zusammen und wenn der Pool einen Block gefunden hat wird die Block-Reward der beigetragenen Rechenkapazität entsprechend unter den beteiligten Minern aufgeteilt.

Bitcoin Mining und die Umwelt

Ein großer Kritikpunk vieler Zweifler an der neuen Technologie, auf der Bitcoin aufbaut, ist der Stromverbrauch des Bitcoin Minings. So hat zum Beispiel der (zurecht) renommierte Computer-Sicherheitsexperte Felix von Leitner, der nebenbei Deutschlands meist gelesenen Blog (blog.fefe.de) schreibt, Bitcoin als »organisierte Umweltverschmutzung« oder auch »Verfahren zur Umwandlung von Umweltverschmutzung und Energieverschwendung zu wertlosen Zahlenkolonnen« bezeichnet. Das mit der Wertlosigkeit der Zahlenkolonnen hat sich ja mittlerweile erledigt, aber wie sieht es nun tatsächlich mit der Umweltverschmutzung aus?

Hierzu hat der Oxford MBA Hass McCook eine über mehrere Monate andauernde Studie angefertigt und dabei die Nachhaltigkeit und den ökologischen Fußabdruck des Bitcoin-Minings untersucht, um diese mit der Produktion von Gold, mit dem Drucken und Prägen von physischem Fiat-Geld als auch mit den ökologischen Kosten unseres althergebrachten Finanzsystems vergleichen zu können (An Order-of-Magnitude Estimate of the Relative Sustainability of the Bitcoin Network – 2nd Edition, *http://goo.gl/M8741r*). Hierbei wurde das sogenannte Drei-Säulen-Modell der Nachhaltigkeit angewandt, das davon ausgeht, dass nachhaltige Entwicklung nur erreicht werden kann, wenn umweltbezogene, soziale und wirtschaftliche Ziele gleichermaßen berücksichtigt werden, da diese sich gegenseitig bedingen.

Ich möchte mich an dieser Stelle auf die Ergebnisse der Studie in Bezug auf die Umweltkosten der verglichenen Finanzsysteme beschränken, wobei hier der Energieverbrauch und die Emission von CO2 besonders interessant sind.

Comparison of Environmental Costs			
	Energy Used (GJ)	Tonnes CO_2 Produced	Emission Trend
Gold Mining	475 million	54 million	Increasing
Gold Recycling	25 million	4 million	Decreasing
Paper Currency & Minting	39.6 million	6.7 million	Increasing
Banking System	2340 million	390 million	Increasing
Bitcoin Mining	3.6 million	0.6 million	Decreasing

Abbildung 8-4: Die durch Bitcoin-Mining verursachten Umweltkosten im Vergleich zu denen der klassischen Geldsysteme

Wie wir der Tabelle entnehmen können, verursachte Bitcoin Mining im Jahre 2014 (Zeitpunkt der Studie) verschwindend geringe 0,151 Prozent der durch unser aktuell genutztes Finanzsystem (also des Bankensystems und der Produktion von Geldscheinen und Münzen) verursachten Umweltkosten dar. Sogar noch weniger, wenn man die Nutzung von Gold als Wertaufbewahrungsmittel mit einrechnen würde, was ich aber der Einfachheit halber (und weil Gold ja auch noch anderen industriellen Nutzen erfüllt) hier mal außen vor lassen will.

Nun kann man natürlich einwerfen, dass mit Bitcoin heutzutage auch nur ein verschwindend geringer Anteil der weltweit mit dem bestehenden Finanzsystem abgewickelten Transaktionen erfolgt. Es ist klar, dass, wenn dieser Anteil wächst, auch der dadurch verursachte Stromverbrauch steigt. Hierbei kommen aber auch weitere Gesetzmäßigkeiten zum tragen, allen voran das von Jonathan Koomey formulierte Koomey's Gesetz, das einen seit den 1950er Jahren ziemlich stabil anhaltenden Trend beschreibt: nämlich die Tatsache, dass die Anzahl der möglichen Rechenoperationen pro Joule Energie sich durchschnittlich alle 1,57 Jahre verdoppelt, der Energieverbrauch sich also pro geschürftem Gigahash gut alle 18 Monate halbiert (die Effizienssteigerung beim Bitcoin Mining der letzten Jahre war sogar noch deutlich größer, vor allem durch die Entwicklung der ASIC-Chips). Aktuell verbrauchen die effizientesten Rechner ca. 0,733 W/GH und rechnen wir dies mit Kooney's Gesetz auf die nächsten 30 Jahre hoch, dann werden das im Jahr 2044 gerade mal noch 0,00000009 W/GH sein.

Auch wenn sich also die über das Bitcoin-Netzwerk abgewickelten Transaktionen in diesem Zeitraum um den Faktor 1 Million vervielfachen, haben wir damit im Vergleich zum Fiat-Geldsystem immer noch einen absolut zu vernachlässigen Energieverbrauch verursacht.

Ähnliches lässt sich zum CO_2-Ausstoß sagen. Da die durch das Bitcoin-Mining verursachten Umweltschäden ausschließlich durch Stromverbrauch entstehen und die Welt sich ganz klar dahingehend verändert, dass wir mehr und mehr von Energiegewinnung aus fossilen Brennstoffen auf nachhaltige erneuerbare Energien wie Solar- und Windkraft umsteigen, sinkt in gleichem Maße der durch die Elektrizitätsgewinnung verursachte CO_2-Ausstoß.

Die Schlussfolgerung dieser Berechnungen formuliert Hass McCook selbst so, wie ich es nicht besser könnte:

»Wegen seiner verschiedenen Vorteile und der erheblich verringerten Belastung unseres Planeten und unserer Gesellschaft gibt es in Bezug auf digitale Währungen ein gewisses Gefühl der Unvermeidlichkeit, sei es Bitcoin oder eine andere zukünftige Währung, die sich als noch nachhaltiger und vorteilhafter für die Menschheit erweist.«

Ich hoffe, Ich konnte Ihnen in diesem Kapitel die Grundlagen der Generierung des neuen Geldes veranschaulichen. Diese gelten nicht nur für Bitcoin, sondern für die meisten der bislang entstandenen Klone, die so genannten Alt-Coins, die auf dem gleichen Prinzip beruhen und auf die ich im nächsten Kapitel näher eingehen möchte.

KAPITEL 9

Alternative Krypto-Währungen

Open Source – Closed Source

Es gibt zwei grundsätzlich verschiedene Arten von Software, man kann eigentlich schon von zwei unterschiedlichen Software-Philosophien sprechen. Der Unterschied bezieht sich auf den Quelltext (den Source-Code) der Software. Der Quelltext ist der Programmiercode der Software, der alle Funktionen eines Programmes beschreibt und zwar in einer für Menschen lesbaren Programmiersprache. Durch das Kompilieren des Quelltextes wird dieser in das ausführbare Programm umgewandelt, das nicht mehr menschen- dafür aber maschinenlesbar ist, also vom Computer interpretiert und ausgeführt werden kann. Bei kommerzieller, quellgeschlossener Software ist dieser Quelltext das bestgehütete Geheimnis des Herstellers. Sie könnten das Programm ja ansonsten kopieren, verändern, verbessern und weitergeben, was der kommerzielle Anbieter auf gar keinen Fall möchte.

Bei Open-Source, also quelloffener Software wird dieser Quelltext jedem Nutzer zur Verfügung gestellt. Der Hersteller der Software erlaubt dem Nutzer nicht nur, sie zu kopieren, zu verändern und verändert oder unverändert weiterzugeben, es ist sogar erwünscht. Vertreter der Open-Source-Bewegung sind der nicht abwegigen Meinung, dass sich auf diese Weise ein sehr viel höherer gesamtgesellschaftlicher Nutzen ergibt, als durch die rein profitorientierte Motivation hinter quellgeschlossener Software.

Bei der Herstellung von Open-Source-Software folgt man den aus der akademischen Welt bekannten Verfahren zur Erlangung wissenschaftlich nachprüfbarer Erkenntnisse. $\rightarrow$

In sogenannten Peer-Review-Verfahren wird Außenstehenden die Möglichkeit gegeben, die Software zu testen und ihre Funktionsweise zu erforschen, bevor sie auf den Markt gebracht wird. Ein Nebeneffekt von quelloffener Software besteht darin, dass sie dadurch, dass hier die Möglichkeit besteht, sie von vielen unterschiedlichen Menschen mit unterschiedlichen Motivationen permanent auditieren und verbessern zu lassen, in der Regel deutlich weniger Fehler enthält als geheim gehaltene Software und dass es so auch ziemlich schwierig wird, geheime und nicht dokumentierte Funktionen zu implementieren, die zum Beispiel der Überwachung des Nutzers dienen oder durch heimlich eingebaute Hintertüren Dritten Zugriff auf die Software ermöglichen, was, wie wir heutzutage wissen, bei kommerzieller Software eher die Regel als die Ausnahme ist.

Nun raten Sie mal, in welchem der beidem Lager Bitcoin zu finden ist!

Alt-Coins (Alternative Krypto-Währungen)

Bitcoin ist Open Source.

Das bedeutet, dass jeder den offenliegenden Quelltext, also das, was der Software zugrunde liegt, ändern und auch weitergeben kann. Wenn solche Änderungen an der Bitcoin-Software vorgenommen werden und damit eine neue Kryptowährung geschaffen wird, die sich in bestimmten Eigenschaften von Bitcoin unterscheidet, wird diese als Alt-Coin, also als alternative Kryptowährung, bezeichnet. Auf einige dieser Währungen möchte ich hier ein wenig näher eingehen.

Open Source bedeutet, dass jeder zum Beispiel den BitcoinQT-Client und die Regeln, nach denen er funktioniert, nach Belieben ändern kann. Sie wollen zum Beispiel einen Bitcoin-Client, der zu jedem von einem Miner errechneten Block Ihnen selbst zusätzliche 25 Bitcoins in Ihrer Wallet gutschreibt? Kein Problem! Sie müssen nur im Quelltext die entsprechenden Änderungen programmieren, das Ganze kompilieren und schon haben Sie Ihren gewünschten Bitcoin-Client. Dabei tritt allerdings ein Problem auf: Sobald Sie versuchen, mit diesem Client jemand anderem einen Bitcoin zu schicken, wird jeder andere Client Ihre Transaktion ablehnen, weil er nämlich erkennt, ob der sendende Client sich an die Regeln hält, die im Bitcoin-Netzwerk vereinbart wurden, oder nicht. Wenn diese Regeln verletzt werden, wird Ihre Coin nicht als Bitcoin erkannt und die Transaktion wird abgelehnt.

Sie können aber den Client an andere Nutzer weitergeben und diesen erklären, dass es sich um einen »Meine-Lieblings-Crypto-Coin«-Client handelt. Wenn die betreffenden Nutzer Ihre Coins akzeptieren, weil sie einverstanden sind mit den von Ihnen festgelegten neuen Regeln, können Sie mit diesen ab sofort »Meine-Lieblings-Crypto-Coins« austauschen. Ob die Währung allerdings einen Wert entwickeln wird, bleibt dem Markt überlassen.

Nicht ganz so, aber doch zumindest auf ähnliche Weise ist mittlerweile eine Vielzahl von alternativen Kryptowährungen entstanden. Im Gegensatz zu unserem obigen Beispiel zur Veranschaulichung werden mit diesen jedoch allesamt bestimmte Strategien verfolgt, die sich grundlegend in zwei Lager einteilen lassen: alternative Techniken und alternative Wirtschaftssysteme. Beide Sparten haben ihre Daseinsberechtigung:

Alt-Coins, bei denen andere Technologien angewendet werden, zum Beispiel andere Mining-Mechanismen als bei Bitcoin (Proof-of-Stake anstelle von Proof-of-Work), bieten ein hervorragendes Experimentierfeld, auf dem wir alle denkbaren Alternativen zu den in Bitcoin implementierten Techniken und Mechanismen auf Herz und Nieren prüfen, weiterentwickeln und damit Erfahrungen sammeln können. Die hier gewonnenen Erkenntnisse können in die Weiterentwicklung von Bitcoin selbst einfließen oder als Grundlage für neue, noch bessere Kyptowährungen dienen. Sollte Bitcoin aus irgendeinem technologischen Grund scheitern, besteht eine gute Chance, dass die Lösung für dieses jetzt noch unbekannte Problem bereits bei der Implementierung einer Alt-Coin entwickelt wurde. Diese Alt-Coins ähneln ein wenig den Mutationen biologischen Lebens, die für eine Spezies dann von Vorteil sind, wenn sich die Umweltbedingungen dramatisch ändern, weil es unter diesen

Mutationen solche gibt, die mit den geänderten Bedingungen besser klarkommen als die übrigen Spezies.

Alt-Coins, die unterschiedliche Wirtschaftssysteme simulieren, sind wie ein Forschungslabor für ökonomische Theorien. So findet sich mittlerweile für so ziemlich jedes von Menschen bislang erdachte Wirtschaftssystem eine Alt-Coin, mit der dieses simuliert wird. Es gibt inflationäre und deflationäre Alt-Coins genauso wie solche, mit denen zum Beispiel Silvio Gesells Vorschlag vom »Schwundgeld« umgesetzt wird (siehe »Freicoin«). Noch nie zuvor hatten wir die Möglichkeit, unterschiedliche wirtschaftliche Denkansätze nicht nur theoretisch zu betrachten, sondern sie wie in einem Forschungslabor auch praktisch umzusetzen.

Eine weitere Möglichkeit sind Alt-Coins, die einzig und allein für einen ganz bestimmten Zweck erdacht wurden (siehe »Namecoin«), diesen besser erfüllen als jede andere Coin, aber ansonsten (vor allem als Zahlungsmittel) vielleicht weniger oder gar keinen Sinn machen.

Wie die Zukunft von alternativen Krypto-Währungen aussieht, kann zurzeit niemand absehen. Ob Bitcoin oder eine andere Krypto-Währung den Sprung zu einer großen, weltweit akzeptierten Krypto-Währung schaffen wird, kann heute niemand sagen, wobei letzteres aufgrund des massiven Vorsprungs von Bitcoin in Bezug auf die um diese Währung herum entstandene Ökonomie und Technologie gut vorstellbar ist, wenn sich im Bitcoin-Protokoll nicht unerwartet irgend ein fataler Fehler finden wird. Ebenso vorstellbar ist aber auch eine riesige Vielfalt unterschiedlichster Krypto-Währungen, von denen jede dadurch einen Wert hat, dass eine bestimmte Gruppe von Menschen sich dafür entscheidet, dieser Währung Wert beizumessen, sei diese Gruppe nun demographisch, geographisch oder durch gemeinsame Interessen definiert. Wieso sollten die Schulkinder der Klasse 3b sich nicht eine eigene Kryptocoin bauen, um damit ihre Kaugummi-Geschäfte abzuwickeln? Und wenn die 3b-Coin aus irgendwelchen Gründen, seien diese technologischer Natur oder allein auf ihr Erscheinungsbild zurückzuführen, attraktiver ist als die 4c-Coin der gleichen Grundschule, warum sollte sie dann nicht den Marktgesetzen folgend einen höheren Wert erzielen als die andere? Wir treten gerade erst ein in das Zeitalter privater, freier und dezentralisierter Währungen, die sich miteinander im Wettbewerb befinden, und schreiben ein derart neues Kapitel der Finanzgeschichte, dass alle Optionen offen sind.

Wobei Krypto-Währung auch gar nicht zwingend privat und dezentralisiert sein muss. Durch Veränderungen des Protokolls können auch zentral steuerbare und staatlich emittierte Währungen geschaffen werden. Die englische Stadt Hull zum Beispiel schritt Anfang 2014 voran und emittierte die Hull-Coin als lokale Komplementärwährung zum englischen Pfund, weil die Stadtverwaltung der Meinung war, mit einer solchen Maßnahme die leidende lokale Wirtschaft ankurbeln zu können. Die Hull-Coin erhielt alleine durch den Umstand einen initialen Wert, dass die Stadtverwaltung einige Restaurants in der Stadt von einer Kooperation und der Annahme der Hull-Coin überzeugen konnte und von da an Hilfe-Empfängern Hull-Coins statt Essensmarken als Option anbot.

Gleichzeitig fand in Island eine »Airdrop« genannte Verteilungsaktion der Auroracoin statt, von der jeder Isländer 31,7 Stück gratis erhalten konnte. Die Initiatoren dieses Projektes wollten damit landesweit eine nationale und private Parallelwährung schaffen, die höchste initiale Verteilungsgerechtigkeit bietet, eben weil jeder Einwohner Islands den gleichen Betrag erhalten kann.

Wir wollen uns im Folgenden einige der wichtigsten und am weitesten verbreiteten Alt-Coins ansehen.

Litecoin

https://litecoin.org/

Bei Litecoin handelt es sich um den ersten Bitcoin-Klon, die am weitesten verbreitete Alt-Coin und auch die mit der höchsten Marktkapitalisierung. Es wird gerne auch »digitales Silber« genannt (in Anlehnung an die Metapher, Bitcoin sei »digitales Gold«).

Litecoin unterscheidet sich von Bitcoin zum einen in Bezug auf einige grundlegende Parameter: Blöcke werden alle 2,5 Minuten generiert, wodurch am Ende 84 Millionen Litecoins vorhanden sein werden. Bestätigungen aus dem Netzwerk erfolgen also vier Mal so schnell (was für Geschäfte, bei denen eine schnelle Bestätigung erwünscht ist, von Vorteil sein kann) und das Litecoin-Netzwerk kann unter Hochlast vier Mal so viele Transaktionen abwickeln wie Bitcoin, ohne dass dafür das Protokoll geändert werden muss (was bei Bitcoin zu irgendeinem Zeitpunkt in der Zukunft nötig sein wird).

Des Weiteren unterscheidet sich Litecoin von Bitoin in Bezug auf die dem Litecoin-Mining zugrundeliegende Proof-of-Work-Technologie, und zwar nutzt es ein Verfahren namens Scrypt und nicht das bei Bitcoin eingesetzte SHA-256. Es wurde ursprünglich so entwickelt, dass es mit der gleichen Hardware geschürft werden kann, wie Bitcoin, also auf den CPUs und GPUs konventioneller Rechner. Seitdem für Bitcoin spezielle Mining-Hardare (die sogenannten ASICS) entwickelt wurde, ist aufgrund der vergleichsweise geringen Hashing-Power das Bitcoin-Mining mit einem solchen normalen Equipment nicht mehr möglich, zumindest nicht auf eine sich irgendwie lohnende Art und Weise.

Litecoins lassen sich allerdings weiterhin problemlos mit den Rechnern ganz normaler Computer-Nutzer schürfen. Eine nicht unerhebliche Anzahl von Nutzern tut dies allein aus dem Grund, die so erhaltenen Litecoins dann in Bitcoins umzutauschen.

Namecoin

http://namecoin.info/

Ein ebenfalls sehr früher Klon von Bitcoin ist Namecoin, ein schönes Beispiel einer für ganz spezielle Zwecke entwickelte Krypto-Währung, bei der es sich gleichzeitig – und darin liegt auch die eigentliche Bestimmung – um ein alternatives und dezentralisiertes Domain-Name-System (DNS) handelt.

Das DNS des Internets dient dazu, Domain-Namen, die sich Menschen leicht merken können (wie zum Beispiel Webadressen wie *www.bitcoin.org*) in die IP-Adresse des Servers umzuwandeln, unter der diese Webseite zu finden ist (in diesem Fall 88.198.199.140).

Das DNS funktioniert wie eine Telefonauskunft, der Sie einen eindeutigen Namen mitteilen, zu dem Sie dann die entsprechende Telefonnummer erhalten. Das weltweite DNS wird allerdings von einer einzigen Organisation verwaltet, der ICANN (Internet Corporation for Assigned Names and Numbers), die somit einen Single Point of Failure darstellt und die alleinige Macht über dieses weltweite Internet-Telefonbuch besitzt. Die ICANN hat jederzeit die Möglichkeit, einzelne Domains von den DNS-Servern zu entfernen und somit den Zugang zu den betreffenden Webseiten erheblich zu erschweren.

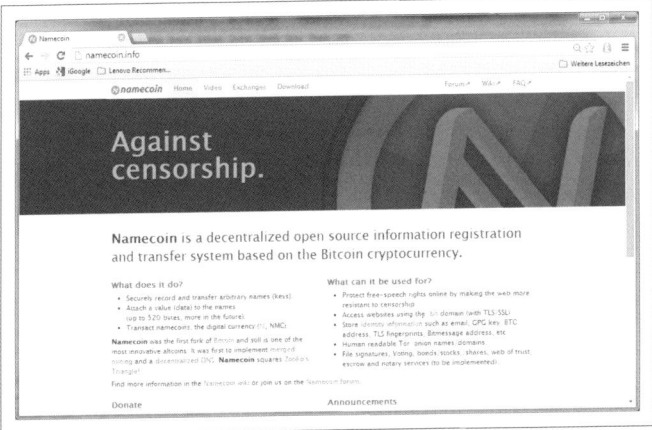

Abbildung 9-1: Namecoin ist eine alternative Krypto-Währung mit klarem politischen Auftrag.

Um eine solche zentrale Instanz zu umgehen, bietet Namecoin die Möglichkeit, Transaktionen zum Registrieren, Aktualisieren und Übertragen von Domain-Namen innerhalb der Namecoin-eigenen Top-Level-Domain ».bit« zu nutzen. Die Namecoins (also die Währungseinheiten) werden hierbei quasi als Bezahlung zur Belohnung an die anderen Netzwerkteilnehmer ausgeschüttet, die durch ihre Teilnahme am Netzwerk das ganze überhaupt erst ermöglichen und die diese Namecoins dann wiederum gegen Bitcoins eintauschen und damit ihr Abendessen bezahlen können.

Solche .bit-Adressen können vom normalen DNS nicht aufgelöst werden. Um diese zu besuchen müssen Sie einen Namecoin-Nameserver in die DNS-Einstellungen auf Ihrem Rechner eintragen oder den Namecoin-Client in Betrieb haben. Wenn Sie eine Website in diesem System besuchen, wissen Sie, dass keine Macht dieser Welt die entsprechende Domain abschalten kann.

Freicoin

http://freico.in/

Bei Freicoin handelt es sich um eine sogenannte Demurrage-Währung. Sie folgt einem Vorschlag des preußischen Finanztheoretikers Silvio Gesell. Als Demurrage werden eigentlich die Kosten für das Lagern von Geldwerten, wie zum Beispiel für das sichere Aufbewahren von Gold in teuren Tresoren, bezeichnet.

Der Grundgedanke einer Demurrage-Währung ist der, dass Geld eigentlich als Zahlungsmittel in der Gesellschaft im Umlauf sein und nicht auf Bankkonten oder unter Matratzen gehortet werden sollte, wo es zwar seinen Zweck als Wertaufbewahrungsmittel erfüllt, der Wirtschaft aber nicht für Investitionen zur Verfügung steht. Um die Umlaufgeschwindigkeit des Geldes zu erhöhen – also dafür zu sorgen, dass jeder, der es erhält, es auch möglichst schnell wieder ausgibt – wird bei einer solchen Währung ein sogenanntes Liegegeld vom Besitzer des Geldes verlangt, das somit einem negativen Zins ähnelt. Dieser beträgt bei Freicoin knapp unter 5% pro Jahr. Freicoins in einer Freicoin-Wallet werden also immer weniger, je länger man sie dort herumliegen lässt, was jeden Besitzer von Freicoins motiviert, das Geld möglichst bald wieder unter die Leute zu bringen. Demurrage-Währungen werden deshalb auch als umlaufgesichertes Geld oder Schwundgeld bezeichnet.

Die als Liegegeld von den Freicoin-Nutzern bezahlten Coins wandern zurück ins Freicoin-Netzwerk und werden als Mining-Gebühren an die Freicoin-Miner ausgeschüttet (weshalb diese selbst auf die geringsten Transaktionsgebühren verzichten können).

Für die Freicoin-Anhänger stellt Freicoin somit das bessere Transaktionsmedium dar, das als Ergänzung zu Bitcoin, dem besseren Wertaufbewahrungsmittel, dienen soll.

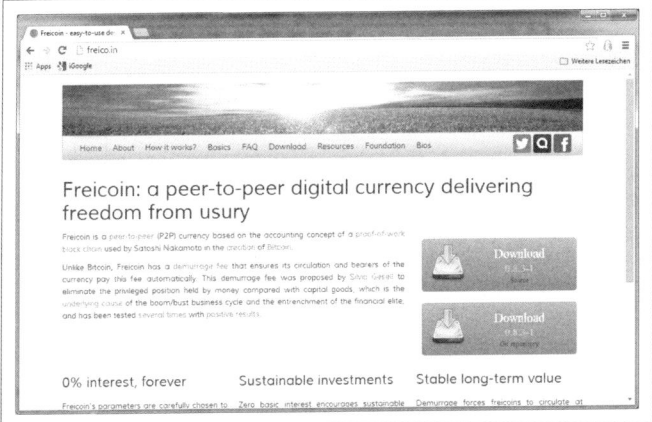

Abbildung 9-2: Auch die Freicoin verfolgt einen bestimmten wirtschafts-politischen Zweck: Hier gibt es negative Zinsen.

Für uns ist es ein schönes Anschauungsobjekt, um aufzuzeigen, wie sich mittels auf Bitcoin-Technologie beruhender Krypto-Währungen auch Vorschläge für alternative Finanzsysteme umsetzen und testen lassen, die ansonsten in keinem Land der Welt einfach so realisierbar wären.

Peercoin

http://www.peercoin.net/

Peercoin wird auch als »nachhaltige« Krypto-Währung bezeichnet. Der Grund dafür besteht darin, dass bei Peercoin für die Generierung der Blöcke durch die Miner nicht nur das Proof-of-Work-Verfahren (»Arbeitsbeweisprinzip«) sondern zusätzlich zu diesem das Proof-of-Stake-Verfahren (»Besitzschaftsprinzip«) herangezogen wird. Für Zweiteres ist weit weniger Energie erforderlich, somit lassen sich Peercoins mit sehr viel weniger Stromverbrauch als Bitcoins schürfen. Der Energieverbrauch beim Bitcoin-Mining ist immerhin ein oft angeführter Kritikpunkt gegen Bitcoin, auch wenn unsere Finanzwirtschaft ebenfalls sehr viel Strom mit ihren Rechenzentren, Hochhaustürmen und Fillialen verbraucht.

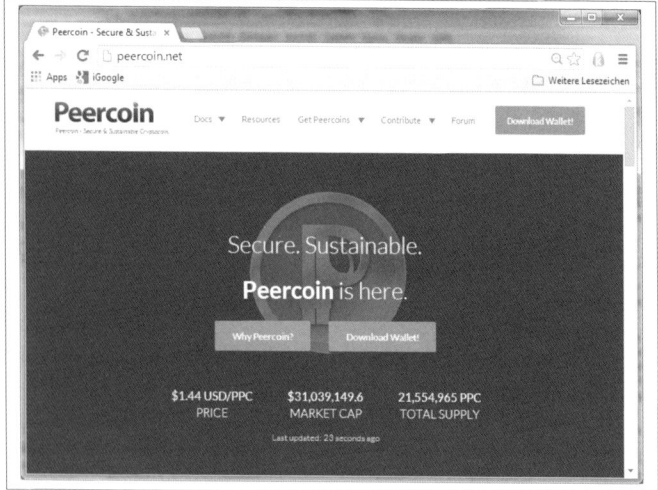

Abbildung 9-3: Bei Peercoin wird der Ansatz verfolgt, durch Einsatz des ressourcenschonenderen Proof-of-Stake-Verfahrens eine ökologisch nachhaltigere Kryptowährung zu schaffen.

Dem Proof-of-Stake-Verfahren (»Stake« wie in »Besitzanteil«, nicht wie in »Marterpfahl«! ;)) liegt die Annahme zugrunde, dass jemand, der viele Peercoins über einen längeren Zeitraum besitzt, ein großes Interesse daran hat, dem Netzwerk nicht zu schaden, weil sich dies auch negativ auf den Wert seines Peercoin-Guthabens auswirken würde. Es ist für ihn also von größerem Nutzen, dem Netzwerk gegenüber ehrlich zu sein und dessen Wert zu erhalten, als kurzfristig Profit zu erzielen und andere Netzteilnehmer zu täuschen, wodurch er wiederum vertrauenswürdiger wird.

Zu diesem Zweck beweist ein Teilnehmer dem übrigen Netzwerk, wie viele Peercoins er bereits wie lange besitzt, indem er diese einfach an sich selbst schickt, womit er das Coin-Age seiner Münzen verbraucht (das Coin-Age ergibt sich aus der Anzahl der Münzen eines Nutzers, multipliziert mit der Zeit, die sie von diesem Nutzer gehalten wurden).

Hier zeigt sich der Vorteil der Diversität von Kryptowährung: Sollte es jemals ein Problem mit dem bei Bitcoin zugrundeliegenden Proof-of-Work-Verfahren geben (zum Beispiel weil die Energiekosten einfach zu hoch werden, was allerdings unwahrscheinlich ist), können wir auf über Jahre gesammelte Erfahrung mit Proof-of-Stake zurückgreifen.

Overlays und Sidechains

Overlays

Bei all den hier vorgestellten Alt-Coins handelt es sich tatsächlich um Bitcoin-Klone mit bestimmten Veränderungen, die demnach auf einer eigenen Blockchain beruhen. Es besteht allerdings auch die Möglichkeit, und sie wird bereits auch im Experimentierstadium umgesetzt, sogenannte Overlays, also Anwendungsschichten auf das Bitcoin-Netzwerk selbst aufzusetzen und somit dessen Ressourcen zu nutzen und seine Möglichkeiten zu erweitern. Mit solchen Overlays wie zum Beispiel Counterparty oder Mastercoin lässt sich bereits heute schon der Peer-to-Peer-Exchange von Kryptowährungen betreiben, wenn auch noch sehr aufwändig und unter der Voraussetzung umfangreichen technischen Wissens. Das bedeutet, dass Sie über diese Anwendungsschicht zum Beispiel Namecoins gegen Bitcoins tauschen können, und zwar mit einem Geschäftspartner, dessen Identität Sie weder kennen noch kennen müssen, da in keinster Weise ein Vertrauen erforderlich ist. Der ausgehandelte Kaufvertrag wird kryptographisch besiegelt, unterschrieben und dokumentiert. Der Handelspartner kann dabei nur dann an seine Coins gelangen, wenn Sie die Ihren ebenfalls erhalten haben, so dass für beide Seiten kein Risiko besteht.

Bei der Fußball-Weltmeisterschaft 2014 hatte ich bereits das Vergnügen, über das Counterparty-Protokoll völlig dezentralisierte P2P-Fußballwetten abschließen zu können. Es ist tatsächlich faszinierend, dass hierbei niemandem der Wetteinsatz anvertraut werden muss, sondern dass dieser durch mathematische Funktionen in der Blockchain vorgehalten wird, bis das Ergebnis des Spiels vorliegt und auf Grundlage des geschlossenen Wett-Vertrages (und nichts anderes als ein Vertrag ist eine Wette) der Gewinn an denjenigen ausgeschüttet wird, der die Wette gewonnen hat. Der Blick in die Zukunft unseres Wirtschafts- und Finanzsystems war es mir Wert, dass ich dabei alle bis auf die letzte Wette verloren habe.

Abbildung 9-4: Counterparty bietet einen Blick in die Zukunft unseres neuen Wirtschafts- und Finanzsystems.

Auch die Generierung und die Ausgabe eigener Währungen, die zum Beispiel mit Sachwerten gedeckt sind, ist auf diese Weise für jedermann möglich. Ob nun ein Bergbau-Unternehmen damit Anrechte auf künftig geschürfte Bodenschätze verbriefen und verkaufen möchte oder der Metzger an der Ecke eine Brotzeit-Coin ausgibt, die bei ihm jederzeit gegen eine Wurstsemmel eingetauscht werden kann – den Möglichkeiten sind hier keine Grenzen gesetzt.

Overlays auf dem Bitcoin-Netzwerk lassen sich mit den Anwendungsschichten des Internets selbst vergleichen. Die sogenannte Transportschicht, also TCP, ist nur dafür zuständig, Datenpakete von einer Stelle an eine andere zu transportieren, ohne sich darum zu kümmern, ob es sich dabei um Pakete einer Email, eines Tweets oder eines Webseitenaufrufes handelt. Auf dieser Transportschicht setzen die Anwendungsschichten auf, also eigene Protokolle (wie SMTP für Mail und HTTP für Web) mit eigenen Funktionen, die sich wiederum der Funktionen der darunter liegenden Transportschicht bedienen. Hierdurch ist die Möglichkeit für ständige Weiter- und Neuentwicklungen gegeben.

Sidechains

Eine weitere Möglichkeit, die Eigenschaften und Möglichkeiten des Bitcoin-Protokolls zu erweitern, sind sogenannte Sidechains, also parallel zur Bitcoin-Blockchain laufende Blockchains, die mit dieser interagieren können.

Auch in solchen Blockchains »an der Seite« können sowohl alternative Technologien realisiert und getestet als auch andere Verhaltensregeln protokollarisch abgebildet werden.

Werte auf beiden Seiten, also auf der Bitcoin-Blockchain und auf der Sidechain, können aneinander gebunden werden. Das heißt, dass diese Werte nur auf einer der beiden Chains bewegt und somit ausgegeben werden können, was wiederum neue Möglichkeiten eröffnet. Hier ein Anwendungsbeispiel:

Stellen wir uns vor, die Bezahlung mit Bitcoin bei Geschäftsvorgängen, bei denen bislang auf Transaktionsbestätigungen verzichtet werden konnte (also der Cappuccino zum Mitnehmen), ist nicht mehr möglich, weil sich Double-Spend-Attacken als neuer Volkssport etabliert haben und nun ein entsprechendes Protokoll benötigt wird, das alle 10 Sekunden statt alle 10 Minuten eine Bestätigung liefert.

Wir könnten nun eine Quickpay-Coin (ich nenne sie mal QPC) in Form einer Sidechain realisieren, deren Wert direkt an Bitcoin gekoppelt ist, zum Beispiel 100 QPC für 1 BTC. Der eine BTC kann in die QPC-Chain übertragen werden, wodurch die 100 QPC freigesetzt werden und eine BTC eingefroren wird, so dass der Bitcoin also nicht ausgeben werden kann, solange dafür auf der anderen Seite 100 QPC vorhanden sind. Der Kaffee-Verkäufer kann nun die QPC akzeptieren, deren Erhalt ihm innerhalb von 10

Sekunden vom Netzwerk bestätigt wird und deren Wechselkurs in Bitcoin nie schwankt, wie das bei frei handelbaren Alt-Coins der Fall ist. Am Ende des Tages kann er diese problemlos wieder in Bitcoins konvertieren, der entsprechende Wert ist dann in der Bitcoin-Blockchain wieder zugänglich und in der Sidechain nicht mehr vorhanden.

All dies sind nur einige der neuen und faszinierenden Möglichkeiten, die sich mit Overlays und Sidechains in Interaktion mit dem Bitcoin-Protokoll realisieren lassen. Die entsprechenden Möglichkeiten gehen weit über das hinaus, was mit reinen Bitcoin-Klonen machbar ist.

Alt-Coins handeln

Die bald an die hundert verschiedenen Alt-Coins entwickeln oft sehr schnell einen eigenen Wert.

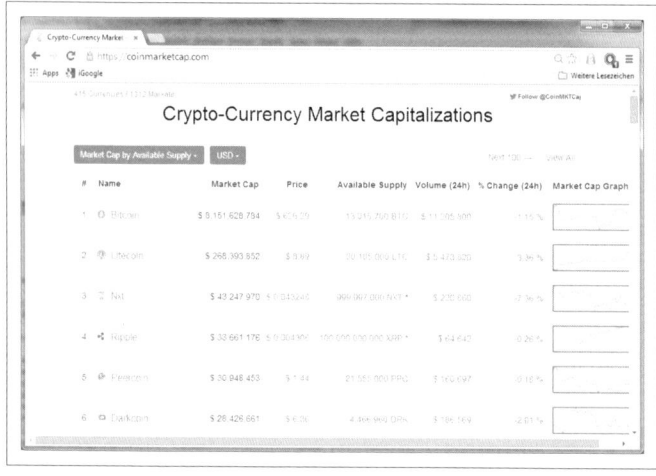

Abbildung 9-5: Auf https://coinmarketcap.com finden Sie die aktuellen Marktkapitlisierungen der einzelnen Alt-Coins.

Dies liegt einerseits daran, dass es Menschen gibt, die dem einer neuen Alt-Coin zugrunde liegendem Konzept zutrauen, dass es auch andere Nutzer überzeugen wird und deshalb in der Zukunft von diesen Leuten auch genutzt werden wird. Andererseits gibt es jede Menge Nutzer, die einfach nur auf den Wertzuwachs jeder neuen Währung spekulieren und sie deshalb kaufen. In der Tat gibt es verschiedene Alt-Coins, die in kurzer Zeit atemberaubende Wechselkurssteigerungen erlebt haben.

Der Preis der Alt-Coins entwickelt sich rein nach Angebot und Nachfrage auf den Plattformen, auf denen diese Coins gehandelt werden. Auf Plattformen wie *www.btc-e.com* oder *www.poloniex. com* können Sie sich ohne großen Aufwand oder Registrierung jederzeit einen kostenlosen Account einrichten, Bitcoins oder die Alt-Coin Ihrer Wahl dorthin überweisen und gegen eine geringe Gebühr gegen die anderen dort vertretenen Alt-Coins tauschen. Btc-e.com ist eine der, wenn nicht sogar die älteste dieser Plattformen. Sie ist von einer der Bitcoin-Ökonomie entsprechenden ein wenig geheimnisvollen Aura umgeben – es ist nämlich nicht wirklich bekannt, wer die Plattform eigentlich betreibt. Das ändert allerdings nichts an der Tatsache, dass sich btc-e.com in den vergangenen Jahren nicht nur als äußerst zuverlässig erwiesen hat, was die schnelle und korekte Auszahlung an die Nutzer angeht, sondern auch als eine der sichersten Plattformen in der jungen Bitcoin Ökonomie. Die Plattform wurde mitte 2012 Ziel eines massiven Hacking-Angriffes und die Nutzergemeinde nahm mit Erstaunen zur Kenntnis, dass sie nicht nur innerhalb weniger Stunden wieder online war, sondern auch nicht ein einziger Bitcoin der Nutzer von den Hackern entwendet werden konnte, was auf eine erstaunlich professionelle Sicherheits-Infrastruktur schließen lässt, zumindest für eine solche Plattform in der jungen Bitcoin-Ökonomie.

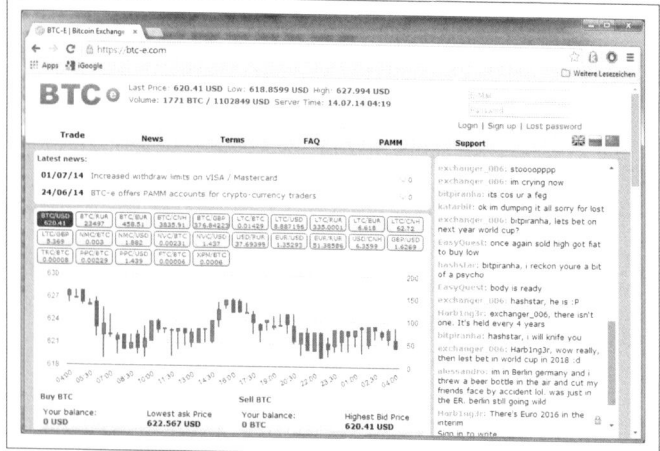

Abbildung 9-6: Https://btc-e.com ist eine der ältesten Plattformen für das Handeln mit Alt-Coins.

Poloniex.com, auf der eine sehr viel größere Vielfalt an verschiedenen Alt-Coins gehandelt wird, ist sehr viel jünger, hat aber auch bereits ein großes Vertrauen seiner Nutzer erworben. Auch diese Plattform wurde gehackt: Im März 2014 erbeuteten Hacker über 12% aller dort eingelagerten Bitcoins. Die Betreiber von Poloniex, die den Verlust selbst nicht finanziell auffangen konnten, entschieden sich allerdings nicht dafür, Konkurs anzumelden und die Nutzer auf dem Verlust sitzen zu lassen, sondern baten diese, weiter auf Poloniex zu handeln, um den Betreibern die Möglichkeit zu geben, das verlorene Geld über die anfallenden Handelsgebühren zu erwirtschaften und es auf diese Weise zurückzahlen zu können. Der überwiegende Teil der Nutzer vertraute den Betreibern, nahm das Angebot an und nach sechs Wochen waren alle Konten ausgeglichen.

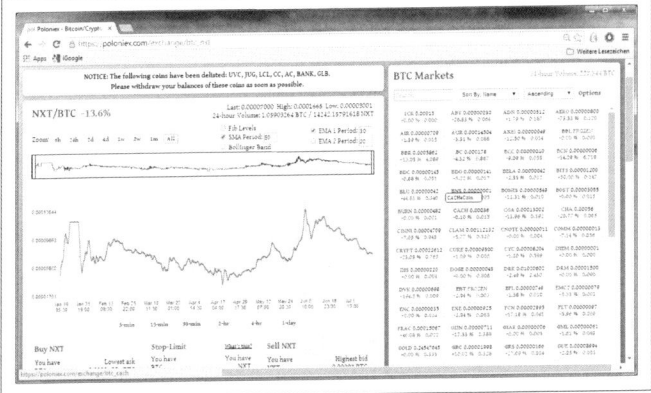

Abbildung 9-7: Auf https://poloniex.com finden Sie so ziemlich alle relevanten und irrelevanten Alt-Coins und können diese untereinander handeln.

Wenn Sie sich also als Daytrader von Alt-Coins versuchen oder in eine bestimmte Alt-Coin investieren möchten, bedienen Sie sich einfach der Plattform Ihrer Wahl, aber denken Sie auch hier immer daran: Der einzig wirklich sichere Ort für Ihre Coins ist Ihre eigene verschlüsselte und gesicherte Wallet. Ihr Guthaben sollte immer nur so lange auf Online-Plattformen geparkt werden, wie Sie es dort benötigen, um Ihre Geschäfte zu tätigen. Lassen Sie es niemals einfach dort herumliegen, weil es gerade einfacher und bequemer ist, als eine eigene Wallet zu installieren und Ihr Guthaben zu sichern.

Nachdem wir hier nun einiges an alternativem Krypto-Geld zu Bitcoin kennengelernt haben, möchte ich im nächsten Kapitel darauf eingehen, weshalb es sich dabei überhaupt um Geld handelt.

KAPITEL 10

Bitcoin ist Geld

Geld? Was ist das eigentlich?

Wir haben uns in diesem Buch bislang mit technischen Grundlagen und der Nutzung von Bitcoin beschäftigt. In diesem Kapitel möchte ich einige Gedanken und einiges Geschichtliche zum Thema »Geld« allgemein ausführen, damit wir Bitcoin innerhalb dieses großen Kontextes betrachten können.

Ein erstaunliches Phänomen unserer Zeit ist die Tatsache, dass die wenigsten unserer Mitmenschen sich Gedanken darüber machen, wie das Geld, das wir nutzen, entsteht, funktioniert und kontrolliert wird.

Erstaunlich deshalb, weil doch die meisten von uns den Großteil ihrer Zeit damit verbringen, es irgendwie zu beschaffen, und weil es ein fester Bestandteil jeglicher wirtschaftlicher Betätigung ist. Wir möchten und brauchen es eben, weil wir damit unser Abendessen bezahlen, unsere Wohnung mieten und begehrte Produkte kaufen können. Wir beschäftigen uns also unglaublich viel mit etwas, das wir kaum verstehen.

> Henry Ford: »Eigentlich ist es gut, dass die Menschen unser Banken- und Währungssystem nicht verstehen. Würden sie es nämlich, so hätten wir eine Revolution noch vor morgen früh«.
> Quelle: Wikiquote

Nun findet ja mittlerweile ein breiter Diskurs darüber statt, ob Bitcoin besseres oder schlechteres oder ob es überhaupt Geld ist. Um die Geldfunktion von Bitcoin beurteilen zu können, ist es aber zunächst erforderlich, einen Schritt zurückzutreten und versuchen zu analysieren, was denn eigentlich die Qualität von Geld ausmacht und wodurch ein Ding überhaupt zu Geld wird.

Die Menschheit hat in ihrer Geschichte eine Reihe von Geldsystemen hervorgebracht, von Kreditsystemen im Altertum über Edelmetall-Münzen bis zum heutigen Zentralbank- und schuldenbasierten Fiat-Geld. Ganz abgesehen von allen möglichen und unmöglichen exotischen Systemen in bestimmten Regionen (wie Muscheln) oder zu bestimmten Zeiten (wie Zigaretten). Von all diesen hat Gold sich bislang als das kultur- und zeitübergreifend am meisten akzeptierte Geld erwiesen und über die gesamte Finanzhistorie hinweg immer (wenn auch schwankende) Kaufkraft behalten.

Gold

Im alten Rom erhielt man für eine Unze Gold eine feine Toga aus hochwertigem Material, einen Schlangenledergürtel und Sandalen vom feinsten Sandalenmacher der Stadt. Ein Pferderennwagen wie aus den Ben-Hur-Filmen kostete um die 100 Unzen. Heute erhält man für den Wert einer Unze Gold (ungefähr 1.000 EUR) einen anständigen Anzug, keinen Schlangenledergürtel, aber feine italienische Designerschuhe, und ein ordentlicher Sportwagen kostet heutzutage um die 100 Unzen.

Wir wissen, dass Geld nur funktionieren kann, wenn alle Beteiligten Vertrauen in dieses Geld haben, was bedeutet, dass sie ohne jeglichen Zweifel davon ausgehen, dass, wenn sie es im Tausch für irgendetwas (wie Arbeitskraft) akzeptieren, dies auch jeder andere tun wird, so dass sie selbst es wiederum jederzeit gegen Waren oder Dienstleistungen eintauschen können.

Bei unserem modernen Fiat-Geld entsteht dieses Vertrauen ganz einfach dadurch, dass unser Staat seinen Bürgern vorschreibt, das von ihm herausgegebene Geld für alle wirtschaftlichen Transaktionen zu akzeptieren und ihre Steuern damit zu bezahlen. Es besteht also ein gesellschaftlicher Konsens innerhalb unseres Wirtschaftsraumes, ein willkürlich gewähltes Medium als Geld zu verwenden.

Bei einem Medium wie Gold, dass seit so langer Zeit und über unterschiedlichste Kulturen hinweg als Geld funktioniert, muss aber das darin gesetzte Vertrauen anders als durch staatliche Vorschrift entstanden sein. Es wurde nicht willkürlich anstelle einer anderen Sache als Geld festgelegt, sondern musste andere Eigenschaften besitzen, aufgrund derer wir ihm einen Wert zuschreiben und davon ausgehen, dass andere dies auch tun. Dabei musste es sich um Eigenschaften handeln, die dazu führten, dass Menschen immer und überall Gold als Geld allen anderen Dingen vorzogen, was ja offensichtlich einer Logik folgen muss, keiner Willkür. Diese Eigenschaften wollen wir uns nun einmal ansehen und Vergleiche zu Bitcoin ziehen.

Gold ist selten. Diese Eigenschaft ist für Geld offensichtlich sehr wichtig, denn wer würde schon seine eigene Leistung oder Ware, die Arbeit kostet, eintauschen gegen etwas, das er auch irgendwo aufsammeln könnte. Der geschichtliche Moment, in dem Gold massiv an Wert verlor, war der, als die europäischen Eroberer galeonenweise Gold aus den neu entdeckten und ausgebeuteten Kontinenten heranschifften und das Gold-Geld somit inflationierten. Außerhalb solcher Ausnahmemomente ist seine Fördermenge relativ vorhersagbar und außerdem gering.

Wampum

Wampum war eine von den Ureinwohnern an der Ostküste Amerikas verwendete Währung aus Muschel-Perlen, die ihren Wert dadurch erhielten, dass es aufwändig war und viel Arbeit kostete, sie herzustellen (wo wir den Bezug zu Bitcoin herstellen können, bei dessen Währungseinheiten ebenfalls Energie erforderlich ist, um sie herzustellen). Europäische Kolonisten passten sich schnell an und akzeptierten Wampum ebenfalls, da sie mit den Ureinwohnern Handel trieben, so dass Wampum sich als Zahlungsmittel ausbreitete und im 17. und 18. Jahrhundert sogar gesetzliches Zahlungsmittel in New England und North Carolina war.

Erfinderische holländische Einwanderer beendeten jedoch die Ära von Wampum mit europäischer Effizienz: Mit ihren Metall-Werkzeugen konnten sie Wampum um ein vielfaches effizienter herstellen als die Ureinwohner mit ihren Steinwerkzeugen.

$\rightarrow$

Die Währung wurde massiv inflationiert und mit dem Sinken des zur Herstellung von Wampum erforderlichen Aufwands schwand auch sein Wert, bis er nicht mehr vorhanden war. Dabei handelte es sich um eine Inflationierung durch technischen Fortschritt, nicht durch politische Einflussnahme. Weder das eine noch das andere ist allerdings bei einem System wie Bitcoin möglich, da hier Geldmengenwachstum und Deckelung mathematisch definiert sind.

Gold ist leicht zu identifizieren. Wolfram-gefüllte 10-kilo-Barren mal außen vorgelassen bedarf es nicht viel Erfahrung, um eine Goldmünze am Aussehen, Klang und Gewicht (und wohl auch an der Bissfestigkeit, wenn ich an alte Piratenfilme denke) als solche zu erkennen. Zumindest dann nicht, wenn man in einer Gesellschaft lebt, in der Goldmünzen als Währung eingesetzt werden und somit einen Alltagsgegenstand darstellen.

Gold ist fungibel. Fungibilität bedeutet, dass jede Einheit des betreffenden Geldes austauschbar ist und auf die gleiche Weise wie alle anderen behandelt wird. Eine Unze Feingold ist eine Unze Feingold, egal woher und egal in welcher Form.

Gold lässt sich teilen, auch wenn dies nicht ganz einfach ist. Gold ist haltbar – es kann nicht zerstört werden, wird nicht schlecht, reagiert kaum mit anderen Stoffen, überlebt auch mal einen Hausbrand und geht ansonsten höchstens auf irgendwelchen Meeresböden verloren.

Es ist leicht transportierbar, zumindest kann man den Wert von ein paar Zentnern Getreide in Form von Gold leicht in der Hosentasche transportieren.

Gold kostet Arbeit, um es aus der Erde zu holen. Jedes Stück Gold, dessen wir habhaft werden können, repräsentiert die Arbeitskraft der Menschen, die es dem Boden abgerungen haben.

Durch all diese seine Eigenschaften wird Gold zu einem außerordentlich leicht tauschbaren und somit handelbaren Gut. Und hier findet sich denn auch das grundlegendste Merkmal von Geld: Es muss sich um ein gut einsetzbares Tauschmedium handeln.

Fungibilität

Hew Crawford war ein schottischer Kaufmann, der um die Mitte des 18. Jahrhunderts lebte. Im Jahre 1748 tätigte er ein Geschäft und verschickte zum Zweck der Bezahlung zwei große Geldscheine mit der Post, die er vorher markiert und deren Seriennummern er sich notiert hatte. Unglücklicherweise gingen diese Banknoten auf dem Postweg verloren und kamen nie bei seinem Geschäftspartner an. Nachdem er über den Verbleib seines Geldes Nachforschungen angestellt und sogar Zeitungsanzeigen aufgegeben hatte, um herauszufinden, wo diese verblieben waren, tauchte einer der beiden Scheine auf geheimnisvolle Weise bei der Bank of Scotland wieder auf. Crawford forderte sein Eigentum von der Bank zurück, die ihm dies aber mit der Begründung verweigerte, dass ihr unbekannt sei, woher genau sie den Schein erhalten hatte, und der Fall ging vor Gericht.

Während die Richter nun anerkannten, dass die strittige Banknote zweifelsfrei Herrn Crawford gehörte und während jedes vorstellbare andere Gut (ein ihm gestohlenes Pferd oder ein Werkzeug, eine Kutsche, ...) ihm sofort wieder hätte ausgehändigt werden müssen, entschieden sie in diesem Fall gegen ihn, und die Bank of Scotland durfte das Geld behalten. Die Richter argumentierten, dass, wenn jemand eine Banknote in gutem Glauben annimmt, er nicht haftbar gemacht werden könne dafür, was mit dieser Banknote vorher geschehen war, auch dann nicht, wenn sie vorher gestohlen wurde. Sie erkannten, dass anderenfalls das gesamte Geldsystem sofort kollabieren würde, da niemand mehr einen Geldschein als Zahlungsmittel akzeptieren würde, ganz einfach deshalb, weil niemand wissen kann, woher dieser ursprünglich stammt und ob er bereits eventuell in Straftaten involviert war und er deshalb wieder konfisziert werden könnte. Sie erkannten, dass, wenn nicht jede einzelne Geldeinheit einer Währung immer gleich und immer neutral behandelt würde, keine Wirtschaft auf dieser Währung aufbauen und funktionieren könnte.

Wir nennen dieses Prinzip heute die Fungibilität von Geld, und diese Fungibilität ist eine zwingende Voraussetzung für alles, was als Geld genutzt werden soll. Bitcoin erfüllt diese Anforderung in höchstem Maße: Jede Transaktion wird vom Bitcoin-Netzwerk gleich behandelt, egal von welcher und an welche Adresse die Coins geschickt werden, solange der Sender in der Lage ist, kryptographisch zu belegen, dass ihm die Sende-Adresse gehört.

Das ist es, wodurch eine Sache, die diese Anforderungen erfüllt, zu Geld werden kann, und wenn sie diese Anforderungen besser erfüllt als eine andere Sache, dann ist sie auch das bessere Geld. Und weil Gold wiederum die erforderlichen Eigenschaften in höherem Maße besitzt als jede andere Sache, wurde es zu allen Zeiten und in allen Kulturen immer als das bessere Geld angesehen, das heißt, es wurde zum Geld aller Gelder.

Wenn wir Bitcoin auf diese Eigenschaften überprüfen, stellen wir Folgendes fest:

Bitcoin ist selten. Die Geldmenge im Bitcoin-System wird zwar noch eine ganze Weile wachsen, dieses Wachstum wird aber mit der Zeit immer geringer und mehr als 21 Millionen Bitcoins wird es unter keinen Umständen jemals geben, was durch die zugrunde liegende die Mathematik festgelegt ist.

Bitcoin ist allerdings noch klarer identifizierbar als Gold: In der Mathematik gibt es kein Wolfram, das eine ähnliche Dichte wie Gold hat. Ein Bitcoin ist ein Bitcoin, wenn er kryptographisch validiert ist, oder eben nicht. Mit dieser klaren Identifizierbarkeit geht auch die Fälschungssicherheit von Bitcoin einher. Bei Bitcoins handelt es sich um Datenbankeinträge, über die jeder Netzwerkteilnehmer jederzeit informiert ist. In der verteilten Buchhaltung sind Fälschungen rein konzeptionell nicht möglich. Dazu müsste man das kollektive Gedächtnis der Mehrheit der Teilnehmer fälschen, und das ist bei Bitcoin noch unmöglicher als bei Rai-Steinen.

Die Fungibilität von Bitcoin wird durch das Bitcoin-Netzwerk gewährleistet, das jede Transaktion immer gleich behandelt, egal woher sie stammt. Wenn der kryptographische Beweis erbracht ist, dass der Sender im Besitz des gesendeten Wertes ist, wird dieser entsprechend übertragen.

Auch in Bezug auf Teilbarkeit (bis auf die achte Nachkommastelle, per Mausklick und ganz ohne zersägen oder zusammenschmelzen) und auf Haltbarkeit (wenn ich ein Backup habe, ist mir egal, ob mein Laptop mit meiner Wallet auf den Meeresboden sinkt) hat Bitcoin gegenüber Gold durchaus Vorteile. Naja, zumindest solange es noch zwei miteinander vernetzte Computer auf der Welt gibt ;).

Rai-Steine

Rai-Steine sind ein schönes Beispiel dafür, dass die bei Bitcoin umgesetzte Idee einer öffentlich einsehbaren Buchhaltung zur Verwaltung von Besitz keine neue, originäre Idee der Krypto-Ökonomie ist. Die Bewohner der mikronesischen Insel Yap benutzten über Jahrhunderte hinweg ein ganz eigenes System, die sogenannten Rai-Steine. Bei diesen Rai-Steinen handelt es sich um große, bis zu 5 Tonnen schwere, kreisrunde Steine mit einem Loch in der Mitte. Sie sind aus einem Material, das auf der Insel Yap selbst nicht vorkommt, so dass die Steine mühsam und unter gemeinsamer Kraftaufwendung auf Holzflößen von der 400 Kilometer entfernten Insel Palau herangeschafft werden mussten. Die Steine wurden nicht bewegt und bei einer Transaktion an den Vorläufer übergeben, so wie wir es von unserem Bargeld gewohnt sind. Die Inselbewohner merkten sich einfach kollektiv, wer welchen Stein oder welchen Teil welchen Steines besaß, und wenn einer der Bewohner von Yap etwas kaufen und bezahlen wollte, wurde einfach allen anderen Bescheid gegeben, dass dieser oder jener Teil diesen oder jenen Rai-Steins jetzt den Besitzer wechselt. Genau dieses Konzept der gemeinsamen Buchhaltung, das die Bewohner von Yap für ihre relativ kleine Bevölkerung mit ihrem kollektiven Gedächtnis einsetzten, wird heute global für Milliarden von Menschen mit der Bitcoin-Blockchain umgesetzt. Als einer der großen Steine auf dem beschwerlichen Weg über das Meer verloren ging und auf dem Meeresboden landete, war dies allerdings kein Grund, ihn nicht auch als Geld einzusetzen: Es wussten ja alle, wo der Stein liegt und somit konnte er problemlos in die gemeinsame Buchhaltung mit aufgenommen werden. Abgesehen davon, dass sie ein schönes Beispiel für eine öffentliche Buchhaltung abgeben, haben Rai-Steine auch weitere Merkmale, die wir bei fast jeder Art von Geld immer wieder finden: Sie sind selten und es kostet viel Arbeit, sie herzustellen.

In Bezug auf die Transportierbarkeit allerdings ist Bitcoin genau der finanzielle Punk-Rock, als den Charlie Shrem ihn bezeichnet hat. Nichts anderes von Wert lässt sich in einer Sekunde an irgendeinen anderen Menschen an einen beliebigen auf dem Globus schicken, und das auch noch ohne Antrag, Erlaubnis, Kontrolle und so gut wie gebührenfrei. Das gilt auch für den persönlichen Transport.

Immer, wenn ich jemanden an einem Grenzübertritt stirnrunzelnd vor dem Schild mit der Aufschrift »Wenn sie mehr als 10.000 EUR an Wert mit sich führen, müssen Sie das anmelden!« stehen sehe, frage ich mich, ob das ein Bitcoiner ist, der sich überlegt ob er jetzt dem Zöllner von seiner Altersvorsorge in der Wallet auf der True-Crypt-Partition seines Laptops oder von seiner Brainwallet erzählen sollte. Diese Leute gehen dann meistens weiter durch den grünen Ausgang, und die Bitcoin-Besitzer darunter erkennt man an den fehlenden Schweißperlen auf der Stirn.

Das Herstellen von Bitcoins kostet Arbeit in Form von Rechenkapazität, also Energie. Während jedoch beim Gold der Aufwand, eine Unze dieses Metalls zu schürfen, der gleiche bleibt, unabhängig davon, was diese Unze gerade auf dem Weltmarkt kostet, passt sich der Aufwand, der für das Mining von Bitcoins betrieben wird, dem Marktpreis von Bitcoin an. Je höher der Preis für Bitcoins ist, desto attraktiver wird es, sie zu minen und desto mehr Leute beteiligen sich am Mining. Dadurch steigt die Netzwerk-Difficulty und somit auch der Aufwand, der betrieben werden muss, um einen Block zu finden und Bitcoins zu erhalten. Durch den gleichen Mechanismus verringert sich bei sinkender Nachfrage auch der erforderliche Aufwand zum Generieren von Bitcoins. Wie auch immer: Wie beim Gold ist die bloße Existenz eines Bitcoins der Beweis dafür, dass jemand Arbeit aufgewendet hat, um ihn zu erlangen (»Proof-of-Work«). Bitcoins liegen genauso wenig offen herum wie Gold, man kann sie also ebenfalls nicht einfach einsammeln.

Nach diesem Vergleich ist ziemlich klar, dass Bitcoin theoretisch wie auch praktisch die Anforderungen an Geld in einer globalisierten Informationsgesellschaft sehr viel besser erfüllt, als Gold, das beste und stabilste Geld, das die Menschheit bislang hatte. Aber heutzutage nutzt ja niemand mehr Gold in seiner Funktion als Geld, denn wir haben ja bereits etwas besseres als Gold entwickelt, nämlich unser Fiat-Geld, also EUR, USD und all die anderen staatlichen Zentralbank-Währungen, derer wir uns heutzutage bedienen. Wir sollten diese also auch in Bezug auf die genannten Kriterien und im Vergleich zu Krypto-Währungen wie Bitcoin begutachten. Wir ziehen dazu das Schlachtschiff des Fiat-Geldes und die Weltleitwährung heran, nämlich den US-Dollar, und zwar einfach auch deshalb, weil es ihn schon so lange gibt (die Unterschiede zu anderen Staatswährungen sind ansonsten marginal).

Sind die Einheiten einer Fiat-Währung selten und ihre Anzahl sowie ihr Wachstum begrenzt und berechenbar? Nein, leider überhaupt nicht. Zentralbanken haben die Angewohnheit, in Zusammenarbeit mit Regierungen immer mehr Geld zu produzieren und auf den Markt zu werfen. Aktuell tun dies die Zentralbanken der wichtigsten Wirtschaftsräume (USA, Europa, China, aber auch alle anderen) mehr oder weniger um die Wette, denn wer schneller mehr neues Geld druckt, wertet seine Währung gegenüber den anderen ab und fördert somit seine Exporte, weil diese billiger werden. Dieser Vorgang wird als Inflation bezeichnet. Es handelt sich also um eine Ausweitung der Geldmenge, und eine zwingende Auswirkung dieser Inflation ist ein Sinken der Kaufkraft des inflationierten Geldes. Für den einzelnen Bürger bringt dies den Nachteil mit sich, dass mit jedem neu gedruckten Euro oder Dollar die Kaufkraft der Geldscheine im eigenen Geldbeutel sinkt, ganz einfach deshalb, weil immer mehr Geld zur Verfügung steht, um die gleiche Anzahl an Produkten und Dienstleistungen zu bezahlen. Der USD ist hierfür ein anschauliches Beispiel. Die amerikanische Zentralbank, die »Federal Reserve« (nebenbei: ein verwirrender Name für eine Firma, die weder »federal«, also staatlich ist, noch irgendwelche Reserven besitzt) existiert seit 1913, also gut 100 Jahre. In den 150 Jahren ohne Zentralbank vor deren Gründung hatte der US-Dollar eine wunderbar gleichbleibende Kaufkraft. Das bedeutet, dass man 1913 für exakt das gleiche Geld eine Schaufel, eine Kuh oder ein Haus kaufen konnte, wie 1763. In den letzten 100 Jahren, in denen Währungshüter der Zentralbank diesen Wert gehütet haben, hat die Kaufkraft des Dollars allerdings um 98% (in Worten: achtundneunzig Prozent) nachgelassen. Die gleichen Auswirkungen spüren wir im Euro-Raum bereits Eineinhalb Jahrzehnte nach dessen Einführung, wenn wir eine Avocado oder eine Tafel Schokolade kaufen möchten, die U-Bahn benutzen oder unsere Kinder ins Schwimmbad schicken wollen.

> Ludwig Erhard: »Auch eine nur leicht inflationäre Entwicklung ist so etwas wie eine entschädigungslose Enteignung zugunsten der Öffentlichen Hand.«

Kurz gesagt: Nein, beim Thema Seltenheit schneidet moderne Fiat-Währung nicht gut ab, vor allem im Vergleich zu Bitcoin. Hier stehen sich eine willkürliche Geldmengenvermehrung einerseits und eine mathematisch determinierte und somit absolut berechenbare andererseits gegenüber.

Fiat-Geld ist fungibel. Ein Dollar-Schein ist ein Dollar-Schein und eine Euro-Münze ist eine Euro-Münze, und solange sie auch so aussehen, wird sie jeder als Zahlungsmittel akzeptieren. Die Bedeutung der Fungibilität für das Funktionieren einer Währung wurde schon vor Jahrhunderten erkannt und ist bei jeder Art von Geld unbestritten. Geht die Fungibilität einer Währung verloren, wird es diese Währung auch nicht mehr lange geben. Hier hat Bitcoin weder einen erkennbaren Vor- noch einen Nachteil.

Fiat-Geld ist teilbar, sicherlich nicht so teilbar wie Bitcoin, aber erst einmal einfach teilbar genug für die meisten Anwendungen. Dabei ist davon auszugehen, dass wir aufgrund der hohen Teilbarkeit von Bitcoin und vor allem aufgrund der geringen Transaktionskosten auch für kleinste Transaktionen Geschäftsmodelle sehen werden, die sich genau diesen Vorteil zu Nutze machen werden, und die wir bisher einfach noch nicht sehen können, weil sie bislang mit Fiat unmöglich anzudenken geschweige denn umzusetzen waren. Auch die Haltbarkeit von Fiat-Geld ist befriedigend, zumindest was die Haltbarkeit der bloßen Geldeinheiten betrifft, seien es Münzen, Scheine oder buchhalterische Guthaben. Diese Geldeinheiten sind zumindest länger haltbar, als die durch sie repräsentierte Kaufkraft.

In Bezug auf Transportierbarkeit bzw. Transferfähigkeit schneidet Fiat im Vergleich zu Bitcoin nur wenig besser ab als Gold. Natürlich kann man Fiat-Geld in viele Gegenden der Welt per Banküberweisung oder Kreditkartenzahlung transferieren – unter Berücksichtigung aller Geldverkehrs-Beschränkungen und nur nach Abgabe von Identität und Einholung einer entsprechenden Erlaubnis selbstverständlich. Außer an Wikileaks und außer in ca. 60 Länder, die aus sonstigen Gründen (Embargos und Sanktionen) vom weltweiten Banksystem ausgeschlossen sind, und außer an die eine oder andere Milliarde Menschen, die kein Bankkonto und keine Kreditkarte besitzen. Ansonsten erfolgt der Transfer bei Fiat aber ungefähr genauso effizient, schnell und kostengünstig, als wenn man Goldmünzen per Wertkurier verschicken würde. Es dauert ein paar Tage bis zu einer Woche, und wenn man Cash mit Western Union verschickt, werden auch schon auch mal 15% Gebühren fällig. Bei persönlichem Transport gelten bei Fiat, zumindest an Grenzen, genau die gleichen Beschränkungen wie bei Gold.

Kostet es Arbeit, Fiat-Geld herzustellen? Naja ein wenig, sogar ein wenig mehr als das Drucken eines Flyers im Copyshop. Mehr aber auch nicht: Eine 100-Dollar-Note oder ein 100-Euro-Schein ist keinerlei Beweis dafür, dass jemand nennenswerte Arbeit aufgewendet hat, um ihn herzustellen. Könnte man aber machen. Auf die Frage, wie sich willkürlich hergestelltes Geld am besten an Arbeitslose verteilen ließe, kam von keinem geringerem als John Maynard Keynes der Vorschlag, dieses in leere Flaschen gepackt tief in stillgelegten Bergwerken zu versenken, die mit Schutt aufgefüllt werden sollten, damit Menschen dann Arbeit aufwenden müssten, dieses wieder auszubuddeln. Ein Ansatz für ein Proof-of-Work-Verfahren, das ziemlich den Grundsätzen der Zentralbank entspricht, willkürlich gewählt und natürlich absurd. Die bessere Alternative bestünde hier darin, die Geldmengenausschüttung nach mathematischen Regeln zu definieren, aber das konnte man damals eben noch nicht.

Bitcoin ist also Geld, und wenn wir uns vor Augen halten, dass wir gerade am Beginn dessen stehen, was wir die globalisierte Informations-Ökonomie nennen, ist nach diesem Vergleich klar, dass es das beste Geld ist, das in einer solchen Ökonomie nur vorstellbar ist.

Das spüren wir bereits heute: Wer einmal eine Online-Zahlung mit Bitcoin getätigt hat, möchte nie mehr die aufwändigen, teuren und zeitraubenden bisherigen Methoden wie Kreditkarten nutzen. Im Gegenteil: In solchen Momenten kann man sich des Eindruck kaum erwehren, man habe sein Leben lang alle möglichen Schrauben mit einem Käsemesser angezogen, und dann kommt auf einmal jemand und präsentiert einem Schraubenzieher oder besser noch einen Akkuschrauber mit auswechselbaren Edelstahlbits. Es wird sofort klar, wie untauglich das Werkzeug war, das hier vorher die ganze Zeit zum Einsatz kam.

Bei Bitcoin handelt es sich originär um digitales Geld für ein digitales Zeitalter, während unser herkömmliches Geld und unsere elektronischen Bezahlmethoden lediglich den Versuch darstellen, das analoge Geld zu digitalisieren und irgendwie über die Kanäle der Informationstechnologie zu transportieren. Aber auch wenn wir ein früher sehr praktisches Werkzeug wie einen Faustkeil aus der Steinzeit auf annähernd Lichtgeschwindigkeit beschleunigen könnten, bliebe er doch immer ein Faustkeil und würde nie ein Laserschwert.

Höchst politisch: unpolitisches Geld

Wenn es um Finanzen geht, sollte man die Politik außen vor lassen, ist ein häufiges Credo, und gerade in der weltweiten Bitcoin-Community gibt es Stimmen, die darum bitten, politische Aspekte aus der Diskussion über Bitcoin auszuklammern.

Es heißt aber auch »Geld regiert die Welt«, und nachdem alles, was mit Regieren zu tun hat, nun einmal auch mit Politik zusammenhängt, und diese alte Weisheit so weit hergeholt auch nicht ist, möchte ich hier auch darauf eingehen, warum Bitcoin gerne als »unpolitisches Geld« bezeichnet wird und was es mit dieser Einordnung auf sich hat, die mehrere Dimensionen umfasst.

Unser Schuldgeld (vergib' uns heute!)

Eine Dimension ist ganz offensichtlich, wenn wir daran denken, dass unser modernes Fiat-Geld nicht wie etwa Gold unabhängig von Regierungsgewalt existiert, sondern es sich dabei um ein reines Fantasie-Produkt handelt, das vollständig der Kontrolle von Zentralbanken und Regierungen unterliegt. Wer diese Kontrolle hat, bestimmt auch das Geldmengenwachstum und somit die Inflationierung des Geldes sowie entsprechend die Entwertung seiner Kaufkraft, die wiederum hauptsächlich die weniger vermögenden Gesellschaftsschichten trifft. In unserem sogenannten Schuldgeldsystem funktioniert das auf die Weise, dass die Regierung die Zentralbank bittet, ihr Geld zu leihen (deshalb »Schuldgeldsystem«), das die Zentralbank einfach druckt. Die Regierung schuldet der Zentralbank dann dieses Geld, das vorher nicht vorhanden war, und bezahlt dafür Zinsen, die die Bevölkerung über ihre Steuerabgaben erstattet. Ein Euro existiert also einzig und allein aufgrund der Tatsache, dass er von jemandem verliehen wurde, die Vergabe des Kredites ist der eigentliche Geldschöpfungsakt. Da auf diese Weise in unserem System immer mehr Schulden als eigentliche Guthaben vorhanden sind, muss immer mehr Geld ver- und geliehen werden, um Schuldzinsen bezahlen zu können. Hier erkennen wir auch bereits, warum in unseren Gesellschaften trotz noch so umfangreicher Sparpolitik und ständiger vehementer Forderungen, den Gürtel enger zu schnallen, die Schuldenberge unaufhaltsam wachsen und wachsen. Das Wachsen der Schuldenberge ist also zwingender Bestandteil unseres aktuellen Finanzsystems, und keine noch so gut durchdachte Sparpolitik kann dies jemals verhindern. Zumindest hat es bisher noch nie funktioniert: Alle Schuldgeldsysteme in der Geschichte der Menschheit (also seitdem die Chinesen das erste Schuldgeldsystem vor ca. 2.800 Jahren entwickelt haben) sind ausnahmslos und immer an der diesem System immanenten Verschuldungsspirale gescheitert, und zwar ohne eine einzige Ausnahme. Wenn kein Krieg oder etwas Ähnliches dazwischenkommt, endet jedes Schuldgeldsystem in einer Hyperinflation oder mit ein wenig Glück vorher in einer Währungsreform. In allen drei Fällen sind es wiederum die weniger vermögenden Bevölkerungsschichten, die die Last tragen.

Wer die Kontrolle über das Geld hat, kann aber auch Monopole für die Schöpfung von Giralgeld vergeben, bei denen es sich, und das ist wörtlich zu nehmen, ebenfalls um Lizenzen zum Gelddrucken handelt. Das sogenannte Giralgeld kommt nicht dadurch zustande, dass die Zentralbank der Regierung, sondern eine Geschäftsbank (also ein untergeordnetes Unternehmen mit der Lizenz zum Gelddrucken) einem Bürger oder einer Firma Kredit einräumt. Das Geld, das die Bank hier verleiht, ist nicht wie landläufig angenommen das Geld, das andere Bürger oder Firmen bei der Bank eingelegt haben und dort als Guthaben verbucht ist, sondern auch dieses verliehene Geld war nicht vorhanden, bevor die Bank es dem Konto des Kreditnehmers gutgeschrieben hat. Die Bank hat also die Lizenz, etwas zu verleihen, das gar nicht existiert, und das Recht, dieses nicht vorhandene Geld einschließlich der dafür fälligen Zinsen zurückzuverlangen.

Bitcoins können weder willkürlich von einer Zentralbank gedruckt noch durch Verleihen durch eine Geschäftsbank ins Leben gerufen werden. Sie existieren, und wer keine hat, kann auch keine ausgeben, es sei denn, er leiht sie sich wiederum von jemandem, der sie besitzt. Auf Grundlage der eben beschriebenen Mechanismen betrachtet, die politischer Natur sind, ist Bitcoin also ein vollkommen unpolitisches Geld, weil es keine politischen Instanzen gibt, die von der Politik entsprechende Lizenzen erhalten haben und damit irgendeinen Einfluss auf die Entstehung und Verteilung von Bitcoin haben.

Monetäre Oppression

Es gibt allerdings noch eine weitere Dimension, die veranschaulicht, wie sehr Geld die Welt regiert, und diese wird als monetäre Oppression, also Unterdrückung mit Mitteln des Finanzsystems, bezeichnet. Ein gutes Beispiel hierfür ist das Schicksal der Enthüllungsplattform Wikileaks. Als diese im Jahre 20XX ein Video (»Collateral Murder«) veröffentlichte, auf dem von US-Soldaten begangene Kriegsverbrechen zu sehen waren, war die US-Regierung nicht sonderlich begeistert, weil man einen gewissen Image-Schaden dadurch befürchtete, dass die Öffentlichkeit sehen konnte, wie ihre Leute am helllichten Tage das Feuer auf offensichtlich unbewaffnete Zivilisten und deren Kinder mitten in der irakischen Hauptstadt eröffneten. Um dem vorzubeugen, bat sie die Finanzdienstleister der Welt, Wikileaks die Bankkonten und Kreditkartenverträge zu sperren, so dass diese Plattform keine Spenden mehr erhalten konnte. Interessant an diesem Vorgang ist die Tatsache, dass alle Finanzdienstleister ohne Ausnahme dieser Aufforderung nachkamen, ohne eine richterliche Verfügung, ja ohne Anklage, Prozess, Zeugen oder Verteidigung, also außerhalb jeglicher rechtsstaatlichen Mechanismen. Diese hätten wohl auch nicht viel gebracht: Glaubt man amerikanischen Bürgerrechtsanwälten, dann hat Wikileaks in keinster Weise gegen Gesetze verstoßen, sondern das betrieben, was man gemeinhin investigativen Journalismus nennt, der auch gerne als die vierte Säule der Demokratie bezeichnet wird. Wikileaks konnte und kann immer noch von seinen Unterstützern ausschließlich Bitcoin-Spenden empfangen.

Ein weiteres Beispiel für monetäre Oppression finden wir bei uns in Deutschland. Online-Händler mit Firmensitz in Deutschland, die kubanische Waren importieren und an deutsche Endkunden verkaufen, verstoßen mit solchen Geschäften nicht im geringsten gegen irgendein Gesetz hierzulande. Die US-Regierung allerdings hat vor ungefähr 60 Jahren ein Embargo gegen Kuba verhängt (das bei uns nicht gilt) und möchte nicht, dass Endkunden in Deutschland kubanische Waren kaufen. Da US-Gesetze hierzulande aber nicht gelten, muss sie einen anderen Weg beschreiten, um dafür zu sorgen, dass ihrem Wunsch nachgekommen wird, und dieser besteht eben wieder im Einfluss auf die Finanzinstrumente, die ihrer Kontrolle unterliegen. Wenn Sie also in Ihrem deutschen Online-Shop kubanische Waren an deutsche Kunden verkaufen und die Zahlungsdienstleister, die Sie in Anspruch nehmen (also Master, Visa und PayPal) Wind davon bekommen, werden sie ganz schnell entsprechende Post erhalten, in der man Ihnen mitteilt, dass man die Zusammenarbeit mit Ihnen kündigt. Sie können Ihren Online-Shop dann ganz schnell vom Netz nehmen, weil Sie keine Möglichkeit mehr haben, Geld zu empfangen, außer auf dem langwierigen Weg per Banküberweisung – oder per Bitcoin.

Diese Beispiele zeigen, was monetäre Oppression bedeutet: die Einflussnahme auf Finanzindustrie und Bezahlmechanismen, um außerhalb unserer rechtsstaatlichen Rahmen politischen Einfluss zu nehmen. Dieser Einfluss beschränkt sich nicht auf Enthüllungsplattformen oder Online-Zigarrenhändler. Er wird ausgeübt auf ganze Gesellschaften (auf Länder, wie zum Beispiel den Iran) oder Industriezweige (Online-Gambling).

Monetäre Oppression funktioniert in vielen Fällen schon wegen der Angst, seine Identität preisgeben zu müssen. Ein chinesischer Blogger, der regierungskritische Texte auf seinem Blog postet, dessen Infrastruktur er mit Kreditkarte bezahlt, kann sich absolut sicher sein, dass die Kreditkartenfirma seiner Regierung ohne zu zögern mitteilt, wer hier schreibt, und er kann deshalb sein Menschenrecht auf freie Meinungsäußerung nicht ausüben, wenn seine Ansichten der offiziellen Meinung der chinesischen Regierung widersprechen.

Politisch unpolitisch

All diese unterschiedlichen Formen von monetärer Oppression sind ausschließlich durch eine ganz bestimmte Eigenschaft unseres Finanzsystems möglich: seine zentralisierte Struktur. Nur bei einem System, in dem es zentrale Instanzen (Banken, Kreditkartenfirmen, Zahlungsdienstleister) gibt, besteht die Möglichkeit, diese zentralen Instanzen zu beeinflussen und dadurch zu kontrollieren, wer das System überhaupt einsetzen und nutzen darf und wer nicht.

Die dezentrale Struktur von Bitcoin ist also der Garant dafür, dass dieses System niemals für die Unterdrückung politisch oder wirtschaftlich unerwünschter Aktivitäten missbraucht werden kann.

Und hier finden wir auch den Grund dafür, dass Bitcoin gerne »unpolitisches Geld« genannt wird: Politische Instanzen haben weder Einfluss auf die Geldmenge, die Schöpfung und die Verteilung des Geldes, noch haben sie eine Handhabe zu bestimmen, von wem und zu welchem Zweck das Finanzsystem genutzt werden darf.

Zugegeben, der Begriff ist leicht irreführend, wenn man bedenkt, dass dieser »unpolitische« Ansatz Bitcoin eigentlich zu einer höchst politischen Angelegenheit macht. Zu versuchen, Bitcoin von seinen gesellschaftlichen und politischen Implikationen zu trennen, macht so viel Sinn, wie bei einer Bundestagswahl alle gesellschaftlichen und politischen Aspekte auszuklammern. Und Wahlfreiheit in Bezug auf das Geld, das wir nutzen möchten, bringt Bitcoin ja nun mit sich. Das bedeutet aber auch, dass jeder einzelne von uns sich jeden Tag für das eine oder das andere Finanzsystem und damit auch für die Implikationen und Auswirkungen des einen oder des anderen entscheidet. Wenn wir uns an das eingangs erwähnte Sprichwort erinnern, dass Geld die Welt regiert, sollten wir diese Entscheidung mindestens so ernst nehmen, wie unsere Wahlentscheidung alle vier Jahre am Wahlsonntag.

KAPITEL 11

Die Regulierung von Bitcoin und Krypto-Währungen

Ein neues Paradigma

>»Banken, die Bitcoin regulieren wollen, sind wie Dinosaurier, die Asteroiden regulieren möchten.«
>Mike Gogulski

Bitcoin und andere Krypto-Währungen sind mittlerweile zweifellos finanzielle Instrumente. Als solche sind sie aber auf ganz anderem Weg entstanden, als alle anderen Finanzinstrumente, die wir in unserer Gesellschaft nutzen. Ob es sich nun um Zahlungsmethoden wie Kreditkarten oder Online-Dienstleister wie Paypal, Dienstleistungen wie Girokonten oder Anlageprodukte und Rentenversicherungen, komplexe Spekulations-Objekte wie Sub-Prime-Mortgages und Credit Default Swaps handelt, sie haben eines gemeinsam: Sie wurden innerhalb des bestehenden Finanzsystems und aufbauend auf den bestehenden Strukturen und Mechanismen entwickelt sowie an diese angepasst und vor allen Dingen von unseren Regulierungsbehörden am Ende genehmigt.

Bitcoin ist im Gegensatz dazu vollkommen außerhalb dieses bestehenden Systems entstanden. Ob es in den regulatorischen Rahmen der einen oder anderen Jurisdiktion passen oder ob es zu bestehenden Infrastrukturen der Finanzindustrie kompatibel sein würde, waren keine Kriterien bei seiner Entwicklung. Die Motivation bestand einzig und allein darin, ein zeitgemäßes, dezentralisiertes und effektives globales System zur Übertragung von Wert in der Informationsgesellschaft zu schaffen und zentralisierte Strukturen zu überwinden. Auch hier zeigt sich, dass ein neues Paradigma niemals innerhalb des alten entsteht, sondern dass seine Konzeption und die erste Realisierung immer außerhalb des alten Systems erfolgen.

Oder anders ausgedrückt: Bitcoin wurde ohne jegliche Rücksicht darauf entwickelt, ob irgend jemand jemals eine entsprechende Erlaubnis erteilen würde, weil das Ziel des Projektes eben darin bestand, etwas zu bauen, für dessen Anwendung niemals jemand jemanden anderen um Erlaubnis bitten müssen sollte.

Die Peer-to-Peer-Struktur von Bitcoin leistet hierbei einen unersetzbaren Dienst. Es gibt in einem Peer-to-Peer-Netzwerk, das auf Open-Source-Software basiert, niemanden, der ein Patent hält oder dem die Unternehmung (wenn man Bitcoin als solche ansehen möchte) gehört oder der regulatorischen Sanktionen unterworfen werden könnte. Bei jedem anderen vorherigen Versuch, bankenunabhängiges, digitales Bargeld zu schaffen, war ein zentralisierter Ansatz vorhanden. Somit gab es auch immer einen sogenannten Single-Point-of-Failure. Wann immer sich bei den entsprechenden Projekten erste Erfolg einstellen, wurden sie dadurch gestoppt, dass man an diesem Single-Point-of-Failure ansetzte und hier dafür sorgte, dass das neue System entweder in die regulatorischen Korsette gezwängt oder komplett gestoppt wurde. Bei Bitcoin herrschte tatsächlich von Beginn an völlige Klarheit darüber, dass das Projekt nur dann erfolgreich sein kann, wenn es keinen solchen zentralen Angriffspunkt haben würde.

> »Ich wäre überrascht, wenn wir in zehn Jahren nicht eine elektronische Währung in irgendeiner Form verwenden würden, jetzt, wo wir eine Art und Weise kennen, das zu tun, die nicht zwangsläufig auf die Müllhalde geworfen wird, wenn die vertrauenswürdigen Dritten (die Finanzdienstleister, Anm. d. ÜS) kalte Füße bekommen.«

[Satoshi Nakamoto, The Cryptography Mailing List. 16.1.2009]

Reguliererwünsche

Die grundlegenden Anforderungen, die Finanzregulierungsbehörden an Finanzinstrumente stellen, lassen sich leicht erfassen, wenn man die Wünsche der Regulierer berücksichtigt: Regulierungsbehörden sind Kontrollorgane und Kontrollorgane wollen Kontrolle und zwar eine möglichst umfassende. Das bedeutet in diesem Fall, über jede Transaktion informiert zu sein, den Sender und den Empfänger identifizieren sowie Transaktionen gegebenenfalls unterbinden zu können und jederzeit Zugriff auf jedes Guthaben überall zu haben. Das dies im Grunde wirklich so ist, wurde mir persönlich von einer Mitarbeiterin der holländischen Zentralbank auf einer Podiumsdiskussion bestätigt, wenn auch mit einem leicht ironischen und amüsierten Unterton.

Hierzu müsste jedoch das Bitcoin-Protokoll so verändert werden, dass zum einen das Black- und bzw. oder Whitelisting von Bitcoin-Adressen und zum anderen die Reversibilität von Transaktionen, also deren Umkehrbarkeit, möglich wären.

Blacklisting würde bedeuten, dass bestimmte Adressen innerhalb des Bitcoin-Netzwerkes nicht mehr benutzt werden dürften und deren Benutzung auf irgendeine Weise technisch unterbunden würde. Whitelisting würde bedeuten, dass überhaupt nur Transaktionen zwischen bestimmten Adressen erlaubt wären, was den gleichen Effekt hätte und auf die gleiche Art und Weise umgesetzt werden müsste. Regulierungsbehörden könnten somit sicherstellen, dass zum Beispiel nur Personen, deren Identität bekannt ist, das Geld nutzen können oder dass bestimmte Personen oder Organisationen diese Möglichkeit nicht haben (wie bei dem Banken-Boykott gegen Wikileaks).

Mit der Umkehrbarkeit von Transaktionen, vor allem wenn dies durch Dritte möglich und die Adresse, an die die Transaktion umgeleitet werden soll, durch diese Dritten definierbar wäre, ließe sich jegliches Geld jederzeit konfiszieren, sei dies nun zu dem Zweck, Kriminellen ihre Erträge zu entwenden, oder aber, um politischen Gegnern zu schaden oder zum Beispiel eine sogenannte »zypriotische Lösung« für das Problem mit maroden Banken zu ermöglichen, also die Sparguthaben von Bürgern zu konfiszieren, um mit deren Geld Banken retten zu können.

Alle Finanzprodukte und alle Bezahlmechanismen, die aus dem bestehenden Paradigma heraus, also innerhalb unseres bestehenden Finanzsystems entstanden sind, weisen diese Merkmale auf (Bargeld außen vor gelassen), sonst wären sie mangels Erlaubnis auch nicht umgesetzt und etabliert worden. Bitoin allein verfügt über keinerlei Funktionen, die derartiges ermöglichen würden, und basiert auf Prinzipien, die dies auch nicht ermöglichen werden.

An dieser Stelle stellt sich die Frage, ob sich diese grundlegenden Prinzipien dahingehend ändern ließen, dass die oben genannten Anforderungen erfüllt werden könnten. Diese Frage lässt sich mit einem klaren Nein beantworten, alleine schon deshalb, weil das Bitcoin-Protokoll genau definiert ist und weil bei Änderungen in solchen grundsätzlichen Bereichen das Ergebnis eben nicht mehr Bitcoin, sondern etwas anderes wäre. Die grundlegende Frage, ob die Bitcoin-Ökonomie, so wie sie sich im Jahre 2014 etabliert hat, reguliert werden könnte, muss man auf verschiedenen Ebenen erörtern und beantworten.

Was auf jeden Fall problemlos reguliert werden kann und bereits weitgehend reguliert wird, sind Bitcoin-Unternehmen wie Exchange-Plattformen und Zahlungsdienstleister, die in bestimmten Jurisdiktionen angesiedelt sind. Diese unterliegen als Schnittstellen zur bestehenden Finanzindustrie den gleichen Regulatorien wie eben diese. Das bedeutet, dass sie zum Beispiel alle KYC- und AML-Vorschriften, die in ihrer Jurisdiktion gelten, anwenden und umsetzen müssen. KYC steht für Know Your Customer und bedeutet, dass ein Finanzunternehmen die Identität eines Kunden zweifelsfrei feststellen muss. AML steht für Anti Money Laundering (Anti Geldwäsche) und bedeutet zum Beispiel, dass das Unternehmen jede finanzielle Aktivität seiner Kunden, die bestimmten Mustern entspricht, an die Behörden melden muss. Banken wollen deshalb auch gerne genau wissen, was ihre Kunden eigentlich machen, weil sie auf diese Weise eher verdächtige von unverdächtigen Aktivitäten unterscheiden können.

So gut aber auch die genannten Unternehmen reguliert werden können, so unmöglich ist eine Regulierung des Bitcoin-Protokolls selbst, was zur Folge hat, dass außerhalb der regulierten Bitcoin-Unternehmen jeder Bitcoin nach Lust und Laune und auch in dem gewünschten Grad an Privatheit nutzen kann. Um das Protokoll selbst zu ändern, müssten diese Änderungen aber nicht nur entwickelt und implementiert, sondern auch von der überwiegenden

Mehrheit der Netzwerkteilnehmer akzeptiert werden. Ein solcher Schritt wäre theoretisch denkbar, wenn auch absolut unwahrscheinlich. Aber auch, wenn dies gelänge, muss Folgendes festgestellt werden: Eine solche Änderung des Protokolls würde zwingend eine sogenannte Fork, also eine Gabelung der Blockchain in zwei parallele Chains zur Folge haben – eine, die den neuen Regeln folgt und nicht mehr Bitcoin genannt werden kann, und eine, bei der einfach weiter die alten Regeln gelten und die betreffenden Neuerungen nicht akzeptiert werden. Alle Menschen, die die Vorzüge unregulierten Geldes schätzen, würden entweder die Blockchain des originalen Bitcoins weiter verwenden, oder es würde einfach eine neue Krypto-Währung an die Stelle von Bitcoin treten, die sicherlich gegen solche Bestrebungen noch widerstandsfähiger wäre. In der Tat gibt es hierfür bereits entsprechende Konzepte.

Die Verwandtschaft mit der Druckerpresse

Wie wir sehen, ist die Regulierung von Bitcoin und Krypto-Währung allgemein genauso unmöglich wie die Regulierung zum Beispiel der Druckerpresse. Immerhin hat diese Erfindung der Kirche das Monopol über den Inhalt von Büchern genommen, was damals sicherlich auch schon einigen Personen aufgestoßen ist. Nachdem Gutenberg seine damalige Erfindung und deren Funktionsweise publiziert hatte, hätte man ihn auch aufsuchen und seine Maschine derart umbauen (also regulieren) können, dass sich mit ihr nur noch Bibeln in lateinischer Sprache hätten drucken lassen (was kurioserweise tatsächlich das erste war, was Gutenberg damit druckte). Das hätte aber niemanden davon abgehalten, ein Haus weiter eine neue freie Druckerpresse zu bauen, mit der dann wieder alle beliebigen Inhalte hätten gedruckt werden können. Es gibt Entwicklungen und Erfindungen – und dazu zählen sowohl die Druckerpresse als auch dezentralisiertes Krypto-Geld – die, wenn sie einmal in der Welt sind, nicht wieder weggedacht oder vergessen werden können. So, wie die Druckerpresse und die damit seit ihrer Erfindung einhergehenden publizistischen Freiheiten einen nicht mehr wegzudenkenden Bestandteil unserer gesellschaftlichen

Realität darstellen, so verhält es sich auch mit Krypto-Währung und der damit verbundenen individuellen Transaktionsfreiheit. In solchen Fällen macht es auch niemals Sinn, sich Gedanken darüber zu machen, wie man das Rad vielleicht wieder zurückdrehen könnte, sondern nur noch darüber, wie man mit der neuen Situation umgeht.

Diese Einsicht beginnt sich erst langsam durchzusetzen. Einige Zentralbanken und Regulierungsbehörden sehen die Situation mittlerweile ähnlich, regulieren die Bitcoin-Unternehmen, auf die sie Zugriff haben, und ziehen sich ansonsten erst einmal auf den Standpunkt zurück, sich die Entwicklung zunächst ansehen und sich Gedanken darüber machen zu wollen, wie sie die Sicherheit von Konsumenten in der Bitcoin-Ökonomie stärken können. In einigen Jurisdiktionen versuchen die Behörden, Bitcoin in die bekannten Konzepte einzuordnen und zum Beispiel zu definieren, ob es sich bei Bitcoin nun um ein digitales Gut oder digitales Geld handelt, und damit verbunden auch, ob beim entsprechenden Handel Umsatzsteuer erhoben werden sollte oder eine Banklizenz erforderlich ist. Aber auch hier gelangt man relativ schnell zu einer Einsicht – nämlich, dass Bitcoin weder das eine noch das andere, sondern etwas ganz neues ist und sich nirgendwo einordnen lässt, weshalb auch ganz neue regulatorische Rahmenbedingungen geschaffen werden müssen.

Innovationsflucht

Aber noch eine weitere Beobachtung konnte mittlerweile gemacht werden: In Ländern, deren Behörden besonders restriktive Regulierungen für Krypto-Währung einführen (wie Thailand) oder in denen Gesetze erlassen werden, die zum Beispiel Mehrwertsteuer auf Bitcoin-Transaktionen verlangen, was Bitcoin als Zahlungsmittel untauglich macht (wie UK), ist – erwartungsgemäß – ein sofortiger Abfluss von Bitcoin-Startup-Unternehmen zu verzeichnen. Nachdem Bitcoin aber mittlerweile von vielen als Wachstumsmarkt dieses Jahrzehnts angesehen und Hunderte von Start-Ups weltweit Tausende von Arbeitsplätzen geschaffen haben und Werte sowie Steuern erwirtschaften, möchte kein Land auf dieses Wirtschaftswachstum und und die entsprechenden Steuereinnahmen verzichten. Dies führt dann (wie eben in Thailand und UK) dazu, dass diese Bestimmungen wieder geändert werden, um positivere und attraktive Rahmenbedingungen für die Bitcoin-Wirtschaft zu schaffen. Der Trend geht also nicht dahin, dass Bitcoin versuchen muss, seine Attraktivität für die Regulierungsbehörden bestimmter Jurisdiktionen zu steigern, sondern dass umgekehrt Länder die regulativen Rahmen für Bitcoin-Unternehmen in ihrer Jurisdiktion attraktiv gestalten müssen, um an diesem Wachstumsmarkt teilhaben zu können und hier den technologischen Anschluss nicht zu verpassen.

Die deutschen Behörden haben in diesem Zusammenhang relativ früh bestimmte Fragestellungen geklärt und somit eine gewisse Vorreiterrolle bei der juristischen und fiskalischen Einordnung von Krypto-Währung übernommen. So fällt in Deutschland zumindest aktuell keine Mehrwertsteuer auf Bitcoins an, wenn sie denn als Zahlungsmittel eingesetzt werden, da die BaFin (die Bundesanstalt für Finanzdienstleistungsaufsicht) Bitcoin als »privates Geld« und somit legitimes Zahlungsmittel eingeordnet hat. Auch der Umgang mit und die Versteuerung von Kursgewinnen mit Krypto-Währungsspekulationen sind hierzulande geklärt, so dass jeder Bitcoin nutzen kann und sich dabei auf juristisch sicherem Boden befindet. Details hierzu finden Sie im Internet, oder fragen Sie am besten Ihren Steuerberater.

Aber Moment mal ...

... muss man denn Bitcoin überhaupt noch regulieren?

Die Frage ist berechtigt. Das Wort »Regulierung« kommt vom lateinischen Wort »regulare« und bedeutet »regeln« oder »einrichten«. Wie wir gesehen haben, ist Bitcoin eigentlich das am besten regulierte System, das die Menschheit je entwickelt und realisiert hat.

Die Regeln, denen das Geldmengenwachstum und seine Deckelung folgen, sind zwar nicht in Stein gemeißelt, aber in Quelltext, und zwar auf solche Art und Weise in einem dezentralisierten Netzwerk, dass jede Steintafel weniger geeignet wäre, die Einhaltung dieser Regeln sicherzustellen.

Wer an wen Transaktionen schicken kann, ist ebenfalls geregelt, nämlich dahingehend, dass jeder, der den kryptographischen Beweis erbringt, Besitzer der entsprechenden Bitcoins zu sein, diese an jeden, der über eine formal korrekte Empfängeradresse verfügt, senden kann .

Das Gleiche gilt für die Höhe der Block-Belohnungen für die Miner, die die Blöcke finden, sowie die Regeln, auf deren Basis die Konsensfindung im Bitcoin-Netzwerk stattfindet. Auch wenn das Team der Core-Developer von Bitcon Änderungen an diesen Regeln vornehmen wollten, ist dies nur dann möglich, wenn der Großteil der Bitcoin-Nutzer diese Änderungsvorschläge auch annimmt.

Niemand kann diese Regeln brechen, aus welchem Grund auch immer er das möchte. Niemand kann willkürlich die Transaktionen anderer beeinflussen oder verhindern, niemand kann auf das Geld anderer zugreifen und jeder genießt innerhalb des Bitcoin-Netzwerkes das Recht auf absolute Transaktionsfreiheit. Die so beschreibbare Regulierung von Bitcoin ist so perfekt, wie sie minimalistisch ist, und auch wenn es einen König der Welt gäbe, hätte er genau so viel Einfluss auf diese Regeln wie Sie oder ich.

In unserer gewohnten Welt werden die Regeln für unsere Interaktionen in Form von komplexen und für den Nicht-Juristen oft schwer verständlichen Sprache in Gesetzestexten festgehalten, die dann oft mit großem Interpretationsspielraum und entsprechend verblüffenden Ergebnissen ausgelegt werden. Die Kontrolle der Einhaltung dieser Regeln ist aufwändig, Verstöße sind dagegen oft schwer nachzuweisen, und am Ende kommt es auch noch darauf an, wer den Verstoß begangen hat, denn je nachdem, wer das ist, wird der Regelverstoß gar nicht oder sehr unterschiedlich sanktioniert.

Das Bitcoin-Netzwerk hingegen ist ein System, bei dem Regeln klar und verständlich und für jeden einsehbar formuliert und dann im Quelltext implementiert werden. Die Einhaltung dieser Regeln wird von Maschinen kontrolliert, die dabei einzig und allein den unabänderlichen Gesetzen der Mathematik folgen, ohne jegliche menschliche Willkür. Ein Regelverstoß ist hier de facto nicht möglich, denn jeder Versuch, diese Regeln zu brechen, wird vom Netzwerk mit

Nichtausführung (einer Transaktion) sanktioniert, egal wer ihn zu begehen versucht.

Ich halte es für nicht nur vorstell-, sondern auch absehbar, dass wir in der Zukunft solchen Konzepten für die Etablierung von Regeln in vielen Bereichen den Vorzug gegenüber den althergebrachten Systemen geben werden, die durch ihren Interpretationsspielraum und die Möglichkeit, ihn willkürlich anzuwenden (oder eben auch nicht), gekennzeichnet sind.

Hier finden wir dann auch die Antwort auf die Frage nach den Gründen für die Forderung einer Regulierung von Bitcoin, das so reguliert ist wie kein System zuvor. Die Zielsetzung unserer heutigen Mechanismen zur Marktregulierung ist eigentlich die, manche Marktteilnehmer zur Einhaltung bestimmter Regeln zu zwingen, während diese Regeln für andere nicht gelten sollen. Natürlich gehen wir davon aus, dass diejenigen, die diese Regeln bislang für uns formulieren und deren Einhaltung oder Nichteinhaltung kontrollieren und steuern, dies nur zum Wohle aller tun. Mit dem in Bitcoin realisierten Ansatz jedoch müssen wir in der Zukunft nicht mehr darauf vertrauen, sondern können Regeln und Gesetze in Quelltext zementieren, anschließen abwarten, ob die Mehrheit diese befürwortet und uns dann sicher sein, dass sie von jedermann eingehalten werden.

Interview mit Birgitta Jónsdóttir

Birgittta ist Mitglied des isländischen Parlamentes und Fraktionsvorsitzende der isländischen Piratenpartei. Ihre politische Arbeit zeichnet sich dadurch aus, dass sie für Informations- und Pressefreiheit, ein freies Finanzsystem und Schutz des Grundrechtes auf Privatsphäre steht. Auf der Bitcoin-Konferenz 2012 in London hielt sie einen sehr mitreißenden Vortrag und ich hatte anschließend die Gelegenheit, ihr ein paar Fragen zu stellen.

→

Birgitta, warum nimmst Du an einer Bitcoin-Konferenz teil?

Weil ich denke, dass es sehr wichtig ist, unterschiedliche Finanzsysteme zu entwickeln. Wir haben eine Reihe von Fehlschlägen im aktuellen System miterlebt; es scheint geradezu dafür gebaut, regelmäßig zu scheitern. Dabei wurde nichts unternommen, die Fehler, die den letzten Zusammenbruch ausgelöst haben, zu beheben. Ich unterstütze die Tatsache, dass mit Bitcoin Transaktionen ausgeführt werden können, ohne dass »Big Brother« sämtliche Handlungen mitverfolgt. Wir hatten vor kurzem Debatten in Island, weil Visa Daten sammelt, damit die Regierung wissen kann, wie viele Leute online an Wettspielen teilnehmen – was absolut inakzeptabel ist. Und da wir uns immer mehr in eine digitalisierte Kultur hineinbewegen, ist sehr wichtig, unsere Rechte, Freiheiten und Privatsphäre online zu bewahren, so wie wir es auch offline tun.

Könnte Bitcoin Teile des traditionellen Finanz-und Bankensektor beeinflussen oder ersetzen?

Ich denke, sobald man erfolgreiche Alternativen zur Verfügung stellt, ebnet man den Wege für weitere. Ich finde, es müsste viele verschiedene Formen von Tausch-und Handelssytemen geben. Wir sollten keine riesigen Wirtschaftssysteme haben, die außer Kontrolle geraten, zum Beispiel weil unerwünschte Psychopaten die Macht darüber haben. Ich denke, Bitcoin wird in den nächsten Jahren entweder floppen oder eine sehr handfeste Lösung bieten für Leute, die online handeln oder Geld zwischen Ländern bewegen wollen, ohne für das lediglich Verschieben von virtuellem Geld unglaublich hohe Gebühren zahlen zu müssen.

Ist ein monetäres System wie Bitcoin eine reale Alternative zu dem, was wir jetzt haben?

Was unser heutiges System betrifft, haben die Menschen begonnen zu begreifen, dass sich unsere Welt nicht in den Händen von Politikern, sondern einer Unternehmerelite befindet, und dass die Banken die Macht haben, über die Schicksale von Nationen zu entscheiden. Es gibt das Sprichwort »Wer eine Bank ausrauben will, sollte eine Bank besitzen.«. Treffender wäre »Wer ein Land kontrollieren will, sollte eine Bank besitzen.«. Ich denke, dezentralisierte Finanzierung bietet eine Möglichkeit, nur für den *eigentlichen* Wert von Dingen bezahlen zu müssen. Persönlich bin ich sehr für ein Downsizing unserer Systeme, die meines Erachtens aufgehört haben, der Bevölkerung zu dienen und stattdessen nur noch reinen Selbstzweck erfüllen. →

Was braucht Bitcoin, um ernst genommen zu werden?

Ich denke, Bitcoin ist einfach noch nicht groß genug, und deshalb ist es für uns Bitcoin-Befürworter wichtig, Möglichkeiten zu finden, eine solide rechtliche Plattform für Bitcoin zu schaffen. Natürlich gibt es massiv Verleumdung gegen Bitcoin, da die Machthabenden fürchten, was sie nicht verstehen. Wir müssen uns internationale und lokale Gesetzgebungen ansehen, um dem Establishment und deren Versuchen, Bitcoin zu schwächen, einen Schritt voraus zu sein. Bitcoin bringt Menschen dazu, die Augen für die Realität zu öffnen, dass wir online keinerlei Privatsphäre haben – eine Situation, die sich mit zunehmend umfassenderer Überwachung von Individuen verschlimmert. Denkt man an das Internet und seine Anfänge, so war Verschlüsselung das, was man als das Mark des Internets bezeichnen könnte. Heute werden die Bemühungen der Regierungen und Unternehmen, unsere Verschlüsselung zu knacken, immer aufwändiger.

Erwartest Du, dass Banken und Regierungen versuchen werden, Bitcoin anzugreifen, um die Kontrolle darüber zu erlangen?

Es gibt aktuelle Bestrebungen der britischen und australischen Regierung, Menschen gesetzlich zu zwingen, ihre digitalen Schlüssel und somit auch die Krypto-Keys ihrer verschlüsselten Bitcoins offenzulegen. Diese Entwicklung sollten wir umgehend stoppen, denn ansonsten glaube ich nicht, dass Bitcoin viel Zukunft hat – wenn man keine absolute Sicherheit bezüglich seiner digitalen Schlüssel besitzt, können Regierungen und Banken diesen »Sicherheitsmangel« verwenden, um ihn als Schwäche von Bitcoin auszulegen.

Wie können wir Bitcoin davor retten oder schützen?

Ein Möglichkeit wäre, Vorschläge für gesetzliche Regelungen zu entwickeln – und zwar von denjenigen, die Bitcoin verstehen. Man könnte beispielsweise versuchen, die deutsche Piratenpartei, die ja eine gewisse Präsenz hat, oder die Piraten im Europaparlament dazu zu bringen, um dann weitere Parlamentarier zu inspirieren, die auch verstehen, dass das Bankensystem falsch und viel zu mächtig ist. Man kann beobachten, wie Visa, Mastercard und Paypal politisch die Muskeln spielen lassen, wenn sie beispielsweise Spenden an Wikileaks nicht zulassen – ein unglaublicher Angriff auf unsere Freiheit. Viele verstehen das nicht, natürlich auch deshalb nicht, weil den Bürgern ein recht drastisches Bild von Wikileaks gezeichnet wird: Es bedeutet nichts anderes, als dass die Regierung Kontrolle hat über die Entscheidung, für wen man spenden möchte.

KAPITEL 12

To the Moon!

Zum Mond?

Je tiefer das Verständnis wird, das Sie in Bezug auf Bitcoin, die zugrundeliegende Blockchain-Technologie und die daraus resultierenden Möglichkeiten entwickeln, desto klarer auch wird, dass es sich bei Bitcoin um sehr viel mehr als nur ein neues Bezahlsystem handelt.

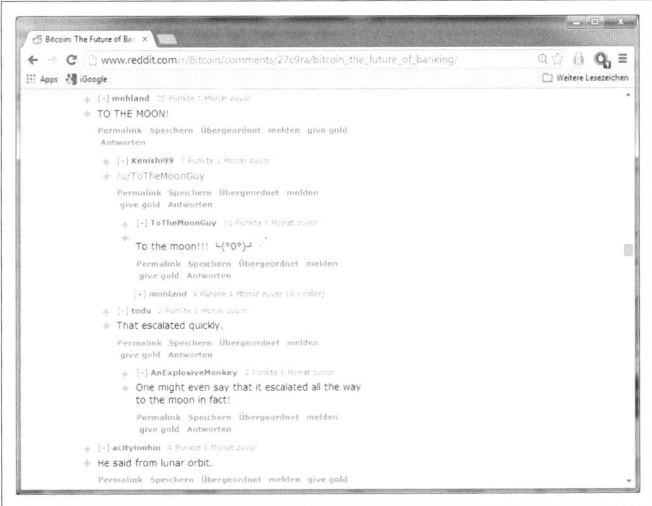

Wenn innerhalb der Bitcoin- Community die weitergehenden Möglichkeiten diskutiert werden, kommt es oft vor, dass die Frage nach dem »Wohin kann uns das bringen?« mit einem enthusiastischen »Zum Mond!« beantwortet wird, wie Sie auch im folgenden Thread auf dem Bitcoin-Subreddit zum Thema »Bitcoin: die Zukunft des Bankings« sehen können:

Qualitativ besseres Geld

Wie schon zu Beginn dieses Buches erwäht wurde, ist Bitcoin viel mehr als nur neues Geld. Die Anwendung als Geld ist die erste sogenannte »Killer-Applikation« dieser Innovation, so wie E-Mail die erste Killer-Applikation des Internets war. Mit Killer-Applikation meinen wir eine Anwendung, die gegenüber den vorherigen Werkzeugen, die wir für die Erledigung einer Aufgabe genutzt haben, signifikant besser geeignet ist, so wie die E-Mail gegenüber der Postkarte oder dem Faxgerät. Eine Anwendung, die viele Menschen überzeugt und dazu bewegt, sich das neue Werkzeug zu eigen zu machen. Oder eben eine ganz neue Anwendung, die bis dato undenkbar war,wie in diesem Falle das WWW.

Bereits als Geld ist Bitcoin mit seinen Eigenschaften unschlagbar. Wenn Sie einmal eine Online-Zahlung mit wenigen Mausklicks, in wenigen Sekunden, fast kostenfrei und mit dem Wissen, dass kein neugieriges Werbenetzwerk jetzt von der Kreditkartenfirma oder dem Zahlungsdienstleister darüber informiert wird, wofür Sie sich so interessieren, möchten Sie nie wieder die althergebrachten Bezahlmethoden nutzen und werden sich fragen, was dieser aufwändige, zeitraubende und kostenintensive Unfug eigentlich sollte.

Das funktioniert bereits fantastisch, so dass sich Mitte 2014 Bitcoin rasant ausbreitet, obwohl wir noch nicht einmal die Software-Versionierung 1.0 erreicht haben, und uns somit immer noch im Beta-, also im Experimentier-Stadium befinden. Die darüber hinausgehenden Möglichkeiten möchte ich am Ende dieses Buches noch kurz anreißen.

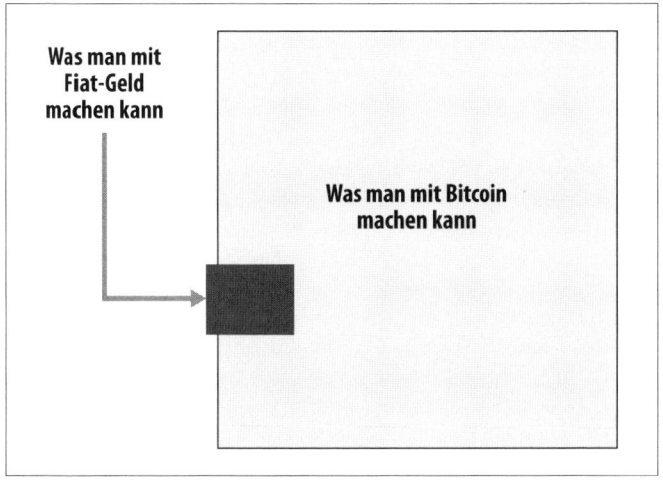

Abbildung 12-1: Die Möglichkeiten des alten und die des neuen Geldes im Vergleich.

Ein dezentralisiertes Wirtschaftssystem

Beim Bitcoin-Netzwerk handelt es sich um eine grundlegend neue Technologie, die es uns auch ermöglicht, die Aufgaben, die innerhalb unseres bisherigen Wirtschaftssystems erfüllt werden, im Hinblick darauf zu beurteilen, ob sie sich nicht mit der Blockchain effizienter, schneller und kostengünstiger erledigen lassen, wie es ja auch bei der Geld-Funktion selbst der Fall ist.

Bei all diesen Aufgaben, also unseren wirtschaftlichen Interaktionen, handelt es sich in der Regel um irgendeine Art von Vertrag zwischen zwei oder mehr Parteien, sei es nun ein Kauf, eine Vermietung, eine Versicherung oder eine Wette (viele der an unseren Börsen gehandelten Derivate sind im Grunde genommen nichts anderes als Wetten, das gilt für Hedge-Fonds oder Optionen sowie sonstige Finanzprodukte). Bitcoin ist als »distribuiertes Zeitstempelsystem für Verträge« hervorragend dafür geeignet, solche Verträge abzubilden.

Bereits mit dem Bitcoin-Protokoll selbst lassen sich viel mehr Mechanismen realisieren, als bislang zur Anwendungsreife gelangt sind. Ein Beispiel hierfür sind Multisignatur-Transaktionen. Dabei handelt es sich um Transaktionen, die von mehr als einer Partei signiert werden müssen, um ausgeführt zu werden.

Die entsprechenden Anwendungsmöglichkeiten sind vielfältig. 2-aus-3 Multisignatur-Transaktionen können zum Beispiel dazu genutzt werden, dass ein Verkäufer erst dann Zugriff auf sein Geld erhält, wenn sowohl der Kunde als auch eine dritte Partei (ein Treuhand-Service oder ein Notar, vielleicht auch der Postbote, wenn er über die Unterschrift für den Empfang eines Paketes verfügt) die Transaktion abgesegnet haben. Der Käufer muss zu diesem Zweck das Geld an den Verkäufer anweisen, aber die Signatur der dritten Partei als Bedingung für die Ausführung in die Transaktion integrieren. Der Verkäufer hat dadurch wiederum die Garantie, dass der Käufer zahlungswillg und auch zahlungsfähig ist (das Geld liegt ja quasi schon auf dem Tisch) und er auch die entsprechende Zahlung erhält, wenn er seine Ware oder Dienstleistung vertragsgemäß geliefert hat.

Auch zeitlich definierte Transaktionen sind möglich. Einem Schüler wird zu seinem 18. Geburtstag das Geld für ein Auto an seine Bitcoin-Adresse überwiesen. Geschenkt wurde es ihm schon mit 16 Jahren, es weiß also ganz genau, dass ihm dieses Geld zum 18. zur Verfügung steht, egal was passiert.

Diese und weitere Funktionen der Blockchain werden erst in den nächsten Jahren bis zur Anwendunsreife entwickelt und uns das wirtschaftliche Miteinander mehr und mehr vereinfachen.

Eine Transportschicht für Wert

Aufgrund der offenen Architektur und der Tatsache, dass es sich um Open-Source handelt, lassen sich auf dem Bitcoin-Netzwerk außerdem alle erdenklichen Funktionalitäten aufbauen. Die Bitcoin-Blockchain dient hier als Transportschicht für alle erdenklichen Anwendungen, die nur entwickelt und programmiert werden können, weil sie hierauf aufsetzen.

Auch an dieser Stelle können wir eine Analogie zur Entwicklung des heutigen Internets feststellen. Das Internet selbst war und ist zuerst einmal ein Protokoll namens TCP/IP (Transmission Control Protocol / Internet Protocol). Dabei handelt es sich um eine Protokollfamilie, die dazu dient, Informationan von A nach B zu transportieren. Sehr viel mehr kann TCP/IP nicht, das dafür aber ganz hervorragend und fehlerresistent. Welche Informationen die transportierten Datenpakete nun tatsächlich darstellen, ob eine Email, einen Tweet oder einen Webseitenaufruf ist dieser Transportschicht für Informationen egal, sie weiß es nicht mal.

Auf dieser Transportschicht setzen weitere Protokolle auf, wie zum Beispiel SMTP (für E-Mail) oder HTTP (für das WWW). Dies ist die Anwendungsschicht, auf der die genannten Programme und viele andere kommunizieren, die wir kennen und nutzen.

Auf die gleiche Weise werden mittlerweile Anwendungsschichten auf der Bitcoin-Blockchain aufgesetzt, die diese als bloße Transportschicht verwenden, nicht für reine Informationen wie TCP/IP, sondern eben für monetäre, zweifelsfrei zuweisbare Werte. Solche Anwendungsschichten (die auch den etwas irreführenden Namen »Bitcoin 2.0-Anwendungen« erhalten haben) sind zum Beispiel das Counterparty-Netzwerk und Mastercoin. Beide stellen wiederum Funktionalitäten bereit, die beim Bitcoin-Protokoll nicht zur Verfügung stehen, so wie TCP/IP alleine nicht die Möglichkeit bietet, eine E-Mail zu versenden.

Beide können diese eigenen Funktionalitäten dann wiederum weiteren, auf ihnen selbst aufsetzenden Anwendungen zur Verfügung stellen. So setzt zum Beispiel auf dem Mastercoin-Protokoll das Maidsafe-Netzwerk auf und auf dem Counterparty-Protokoll die Crowdfunding-Plattform Swarm.

Maidsafe (maidsafe.net) ist ein Projekt, mit dem ein dezentralisiertes Internet geschaffen wird. Soziale Netzwerke, Online-Speicher, Suchmaschinen, Video-Plattformen und alles, was wir heute nutzen, kann mit Maidsafe dezentralisiert und mit hoher Privatsphäre neu gebaut werden. Alle Informationen stehen verschlüsselt auf den Rechnern vieler verschiedener Nutzer zur Verfügung, können aber nur von den dafür autorisierten Personen eingesehen werden. Wer autorisiert ist, wird von dem Nutzer definiert, dem die Daten gehören, und zwar ausschließlich. Es gibt also niemanden, der zum Beispiel Informationen sammeln und verwerten kann, sei es für Werbezwecke oder überneugierige Geheimdienste.

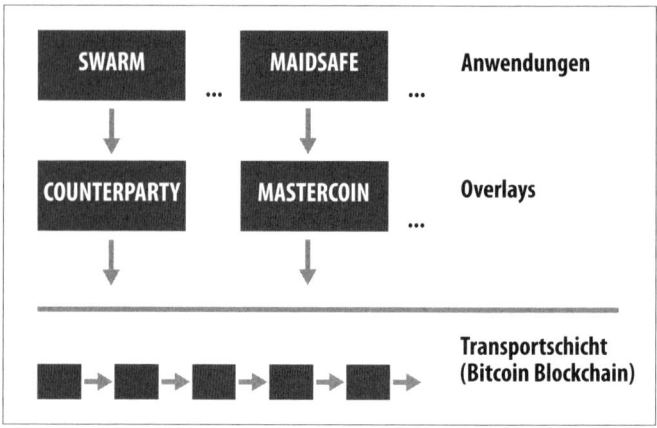

Abbildung 12-2: Bitcoin als Transportschicht für ganz neue Anwendungen

Das Maidsafe-Projekt ist älter als Bitcoin selbst, es fehlte alleine dezentralisiertes Geld – oder besser gesagt eine Transportschicht für monetäre Werte. Erst mit dieser wird es möglich, dass Nutzer sich gegenseitig für die Inanspruchnahme der Festplatten und Rechenkapazität des anderen vergüten und zwar mit der eigens zu diesem Zweck geschaffenen Safecoin.

Finanzinvestment in der Krypto-Ökonomie

Bei Swarm wiederum handelt es sich um eine kommerzielle Crowdfunding-Plattform, mit der versucht werden soll, die Geldgeber eines Crowdfundings stärker an den eventuellen Gewinnen eines Crowdfunding-Projektes zu beteiligen. Unternehmensanteile lassen sich auf diese Weise anonym kaufen sowie auf dem freien Markt handeln, und Dividenden können anonym an die Adressen der Halter der jeweiligen Anteile ausbezahlt werden. Ob Swarm erfolgreich sein wird, bleibt abzuwarten, aber das Projekt bietet einen kleinen Ausblick auf die Zukunft des Finanzinvestments.

Die Effizienz, die Zugänglichkeit für jedermann und die nicht mehr gegebene Notwendigkeit irgendwelcher Mittelsmänner werden die Art und Weise, wie wir Unternehmen aufbauen, strukturieren und auch besitzen, grundlegend verändern. Um sich an einem Unternehmen zu beteiligen, wird niemand mehr ein Aktiendepot, einen Aktien-Broker oder überhaupt ein Institut wie die Frankfurter Börse oder auch nur seine Hausbank benötigen.

Ein Beispiel: Stellen Sie sich vor, Sie haben ein Online-Spiel entwickelt, das gute Marktchancen hat und das Sie nun kommerziell verwerten möchten (nennen wir es MyGame). Heutzutage würden Sie entweder versuchen, das Spiel selbst oder den entsprechenden Zugang zu verkaufen, oder vielleicht würden Sie eine Firma gründen und Anteile an dieser Firma verkaufen.

Mit den Werkzeugen der Krypto-Ökonomie stehen Ihnen nun ganz neue Möglichkeiten zur Verfügung. Sie geben eine eigene Krypto-Coin heraus (die MyGame-Coin) und programmieren Ihr Spiel so, dass man es nur spielen kann, wenn man dafür mit MyGame-Coins bezahlt. Dann stellen Sie das Spiel zur freien Verfügung. Über dezentrale Tauschbörsen kann nun jeder von Ihnen mit Bitcoin MyGame-Coins kaufen und das Spiel spielen – ohne dass dabei irgendwelche persönlichen Daten hinterlassen werden und somit auch ohne die Gefahr, dass jemand mit einer gestohlenen Kreditkarte bezahlt. Die Besitzer der MyGame-Coins können diese wiederum frei untereinander handeln. Das funktioniert genauso bei Unternehmensanteilen, die kryptographisch an von dem Unternehmen ausgegebene Krypto-Währungseinheiten gekoppelt sind, statt durch Aktien verbrieft zu werden.

In dieser Krypto-Ökonomie sind die Eintrittsbarrieren für Investitionen in Unternehmen oder bestimmte Projekt nicht nur niedrig, sondern so gut wie abgeschafft. Gekoppelt mit den umfangreichen neuen Möglichkeiten der Blockchain-Technologie kann dadurch die globalisierte, digitale Wirtschaft ganz neue Bedeutungen erlangen.

Ich hoffe, ich habe Sie mit diesem kurzen Anriss ein wenig neugierig gemacht. Alles Weitere würde den Rahmen dieses Buches sprengen, aber ich bin mir sicher, dass noch sehr viele Bücher zu der gesamten Thematik geschrieben werden.

Interview mit Mike Hearn

Mike Hearn ist einer der Core-Developer von Bitcoin und hat bei der US-Amerikanischen Bitcoin- Foundation den Vorstandssitz des Law and Policy Committee inne. Er ist nicht nur einer der wenigen Entwickler, der Bitcoin von Anfang an mit Satoshi Nakamoto gemeinsam entwickelt hat, sondern auch ein ausgesprochener Experte, was die bislang noch nicht gehobenen funktionalen Schätze des Bitcoin-Protokolls betrifft. Dazu habe ich ihn im Herbst auf der Londoner Bitcoin Konferenz befragt. Hier einige interessante Antworten diesem zum Thema:

Mike, hat Bitcoin das Bezahlen über das Internet einfacher gemacht?

Wenn du dir ansiehst, wie Zahlungen im Internet heutzutage funktionieren, kannst du eines feststellen: Es funktioniert sehr schlecht. Das Ganze ist sehr unsicher, der Overhead ist groß, man bezahlt hohe Gebühren, nur um Zahlungen zu empfangen, es ist alles sehr unflexibel und man kann die Bezahlsysteme nicht programmieren, um etwa interessante Anwendungen damit zu bauen. Im Gegensatz dazu ist Bitcoin ein offenes Protokoll mit dem man eben das tun kann.

Ist Bitcoin mehr als eine Währung oder ein Bezahlsystem?

Was vielen nicht bewusst ist und was ich deshalb gestern in meinem Vortrag thematisiert habe, ist die Tatsache, dass Bitcoin im Kern über viele Features verfügt, die bislang noch schlummern, noch nicht entwickelt sind und noch nicht genutzt werden. Diese Features werden es uns ermöglichen, in der Zukunft alle möglichen interessanten Dinge zu tun, wenn wir dazu kommen, sie schließlich umzusetzen.

$\rightarrow$

Ich habe solche Dinge angesprochen wie Kickstarter-ähnliche Versicherungsverträge, wenn es zum Beispiel darum geht, Geld aufzubringen, um ein Videospiel, ein Album oder ein anderes öffentliches Gut zu produzieren – mit öffentlichem Gut meine ich etwas, das geschaffen wird, um anschließend für alle umsonst verfügbar zu sein. Zukünftig wird das Finanzieren ohne Mittler allein durch das Sammeln von freiwilligen Beiträgen möglich werden. Es können auch solche Anwendungen wie Konfliktmediation geschaffen werden, die besser und flexibler funktionieren als zum Beispiel mit Paypal, wo die Bestimmungen recht simpel und starr sind. Dann gibt es noch exotischere Ideen dazu, wie man diverse Finanzmärkte schaffen könnte, die mit diesen Mechanismen funktionieren, wie beispielsweise Distributed Bond Markets, Peer-to-Peer-Aktienbörsen, Peer-to-Peer-Kredite und Wechselkurse – alles Finanzmärkte, bei denen wir heute auf Institutionen angewiesen sind, für die man aber einfach Software anwenden könnte, die auf das Bitcoin-Protokoll aufsetzt.

Könnten diese neuen Dienste Teile des traditionellen Finanz-und Bankensektors beeinflussen oder vielleicht sogar ersetzten?

Langfristig würde ich so etwas sehr begrüßen; technologisch ist es in jedem Fall möglich. Das Ganze baut auf ziemlich fortgeschrittener Kryptographie auf, die noch sehr neu ist. Wir befinden uns stark in der theoretischen Forschungsphase, in der man sich fragt, ob das derzeit bestehende Finanzsystem durch Kryptographie ersetzt werden kann? Mittlerweile sieht es so aus, als wäre die Antwort darauf ein Ja. Wir arbeiten an den Blueprints, es gibt noch sehr große Fragen. Ich glaube nicht unbedingt, dass es auf eine Welt ganz ohne Banken hinauslaufen wird, sondern dass sich Banken in Zukunft stark verändern und eher wie reguläre Unternehmen funktionieren werden – Unternehmen, die bankrott gehen können, die dereguliert werden können, auf die wir weniger angewiesen sind und von denen es viel mehr gibt. Wie man von heute auf morgen einen Laden aufmachen kann, so könnte jedermann einfach eine Bank eröffnen, weil Banken dann Unternehmen wären wie alle anderen.

Was braucht Bitcoin, um ernst genommen zu werden?

Das Hauptprojekt bei meiner Arbeit an Bitcoin betrifft das Core-System, aber ich habe viel an der Übertragbarkeit auf Mobiltelefone gearbeitet; eine geschrumpfte Software also, die man mit Smartphones oder anderen Geräten verwenden kann.

Ich finde es sehr wichtig, dass der Austausch von Bitcoin so einfach wird wie der direkte persönliche Austausch von Bargeld. Wir haben die Software dazu erfolgreich gebaut, sie muss nur noch etwas reifen. Wenn man einfach in einen Laden oder eine Bar gehen und dort persönlich per Handy bezahlen kann, glaube ich, dass damit eine große Glaubwürdigkeitshürde überwunden wird und diese Art der Bezahlung bei vielen Menschen beginnt, real zu werden – eine Schlüsselphase im evolutionären Prozess von Bitcoin.

Der Euro und andere Staatswährungen stecken in einer großen Krise. Könnte das einem Bitcoin-basierten Finanzsystem passieren?

Eine solche Krise würde sich nicht in der Art und Weise auf ein Bitcoin-Finanzsystem auswirken, wie wir es heute in Europa erleben. Wenn man sich die Gründe für die Eurokrise ansieht, liegt die Kernursache darin, dass Regierungen Wahlstimmen kaufen und in zunehmenden Maße mehr Leute eingestellt, bezahlt sowie mit Diäten und Vergünstigungen eingedeckt haben, und dabei mehr ausgegeben, als sie über Steuern einnehmen. Dann wird versucht, dies dadurch zu finanzieren, dass Geld gedruckt wird. Im Falle des Euro gibt es dafür Institutionen wie die Europäische Zentralbank, um die Versuchung für Regierungen zu mindern, Geld für ihre Kostendeckung zu drucken. Beim Euro haben wir all diese Institutionen, aber das sind im Prinzip lediglich Organisationen, die von Menschen geleitet werden, die manipuliert und unter Druck gesetzt werden können. Wir sehen das an der EZB, die sich ständig dagegen stemmen möchte, dass Regierungen Geld drucken, aber dennoch immer mehr auf den Punkt zusteuert, es doch zuzulassen. Weil bei Bitcoin die Zentralbank durch Mathematik ersetzt wird, gibt es dort niemanden, den man unter Druck setzen könnte, und auch nicht mehr diese Geneigtheit, Regierungen über das Drucken von Geld zu finanzieren.

KAPITEL 13

Mysterium Satoshi Nakamoto

Bei allem Enthusiasmus über die großartige Transparenz der Bitcoin-Infrastruktur (von der Offenlegung der Transaktionen bis hin zu den für jeden einsehbaren und unabänderlichen Regeln, nach denen das Geld funktioniert, zum Beispiel im Hinblick auf Geldmengenwachstum und -deckelung) wird der Gründungsmythos der Technologie doch durch ein großes Geheimnis bestimmt: die Identität seines Erfinders und Gründungsvaters.

Wir wissen nicht einmal, ob es sich bei Satoshi Nakamoto um eine Einzelperson oder um eine Gruppe von Menschen handelt, wobei Zweiteres wohl aufgrund der zur Erstellung dieses Konzeptes notwendigen Verständnistiefe in verschiedenen Kompetenzbereichen wahrscheinlicher ist (wobei wirklich begnadete Software-Entwickler von seiner bloßen Programmierleistung nicht sonderlich beeindruckt sind, worüber der Autor sich mangels eigener Coder-Brillanz allerdings kein eigenes Urteil erlauben kann). Alles was wir wissen ist das, was er an persönlichen Angaben bei der Erstellung seines Accounts bei der P2P-Foundation machte: Er sei männlich, Anfang 30 und hätte seinen Sitz in Japan. Diese Angaben sind allerdings offensichtlich falsch, weder ist die Identität +++Nakamoto's jemals außerhalb des Bitcoin-Projektes aufgetaucht, noch hat er jemals ein weiteres japanisches Wort außer dieses Namens von sich gegeben, geschweige denn einen ganzen Satz. Nach dem Launch von Bitcoin v0.1 begleitete und leitete Nakamoto noch ca. neun Monate lang das sich entwickelnde Open-Source-Projekt, bis er sich langsam daraus zurückzog (mit der Begründung, er würde »sich jetzt anderen Dingen zuwenden«) bis er schließlich auf keine

Mail mehr antwortete und sich unter der Nakamoto-Identität in keinem der Foren mehr einloggte, in der er diese benutzt hatte.

Eine ziemlich große Anzahl von Journalisten und anderen Wahrheitssuchern (und sicherlich mittlerweile auch Leute mit noch deutlich größerer Erfahrung im Aufdecken von Geheimnisse) hat sich mittlerweile vergeblich bemüht, seine wahre Identität aufzudecken, und das Internet ist voll von den wildesten Spekulationen darüber, wer sich wohl dahinter verbergen könnte. Auf die Liste der Verdächtigen hat es mittlerweile jeder irgendwie namhafte und bzw. oder kompetente Kryptologe geschafft und – Überraschung! – die Frage offiziell verneint, ob er der Gesuchte sei. Die Wahrscheinlichkeit ist also hoch, dass Nakamoto mindestens einmal in seinem Leben gelogen hat ;). Besonders unter Gold-Bugs (so werden Anhänger von Edelmetallen als das einzig wahre Geld bezeichnet) hält sich auch hartnäckig die Verschwörungstheorie, Bitcoin wurde von Geheimdiensten im Auftrag dunkler Eliten entwickelt, um die Menschheit unter eine digitale Weltwährung zu zwingen. Sollte die letztere und eher unwahrscheinliche Theorie stimmen, wäre dies allerdings wohl ein klassischer Schuss ins Knie.

Wie auch immer, alles, was wir definitiv über Satoshi Nakamoto sagen können ist, dass er den Beweis dafür angetreten hat, dass jemand, der die Anwendung von Krypto-Technologie beherrscht, in der Lage ist, der ganzen Welt eine riesige Innovation zu präsentieren, diese eine Weile mitzuentwickeln, mit seiner Umwelt zu kommunizieren und dann zu verschwinden, ohne irgendeine verwertbare Spur zu hinterlassen.

Die erste Frage, die sich hier jedem aufdrängt, ist natürlich die nach dem Warum. Sie ist auch deshalb so naheliegend, weil er ja – was offensichtlich der Fall war – absehen konnte, dass diese Innovation die Initialzündung für eine solch positive disruptive Entwicklung wie ein freies Marktgeld und ein frei programmierbares Wirtschafts- und Finanzsystem sein würde. (Es wird bereits spekuliert, wann man Satoshi Nakamoto den Nobelpreis für Ökonomie verleihen wird. Diesen dann nicht entgegenzunehmen, wäre natürlich ein ungeheurer Verzicht.)

Gerade aber in der Disruptivität und dem damit einhergehenden immensen Veränderungspotential seiner Innovation ist wohl auch die Begründung dafür zu suchen, dass Nakamoto sich entschied, seine wahre Identität geheim zu halten. Wer auch immer eine technologische Innovation auf den Markt bringt, die das Potential hat, bestehende politische oder wirtschaftliche Machtverhältnisse in Frage zu stellen und zu ändern, wird von den bedrohten Machthabern verfolgt und angegriffen werden, spätestens wenn seine Entwicklung ihr Potential entfaltet, wenn nicht bereits dann, wenn es absehbar wird. Dabei spielt es keine Rolle, mit welcher Motivation und zu welchem Zweck diese Innovation entwickelt wurde, ob sie zum Zeitpunkt ihrer Entwicklung legal oder illegal war (das lässt sich ja leicht ändern) und auch, ob sie für den Großteil der Menschheit große Vorteile bringen wird.

Nakamoto hat, kurz gesagt, ein auf Kryptographie basierendes, dezentralisiertes und somit staatenunabhängiges Geld entwickelt, das gleichzeitig die Grundlage für ein neues und dezentralisiertes Wirtschaftssystem bildet. Das ist eine ziemlich explosive Mischung, und gerade in diesen beiden Bereichen gibt es voneinander unabhängige Beispiele dafür, wie das Establishment auf solche Herausforderungen reagiert:

Phil Zimmermann wird wohl als ein Held der Informationsgesellschaft in die Geschichte eingehen. 1991 veröffentlichte er PGP (»Pretty Good Privacy«) als Freeware, die erste Implementierung asymmetrischer Verschlüsselung (die auch dem Bitcoin-System zugrunde liegt) für jedermanns E-Mail. Seither kann jeder auf der Welt mit jedem anderen auf der Welt kommunizieren, ohne dass die NSA oder sonst jemand mitlesen kann, auch wenn leider immer noch zu wenige Leute von dieser Möglichkeit Gebrauch machen. Er brach damit keine Gesetze, im Gegenteil: Er schuf eine technologische Manifestation des in der Verfassung jeden demokratischen Staates verbrieften und von uns allen als selbstverständlich wahrgenommenen Rechtes auf das Postgeheimnis und übertrug dieses in die globalisierte Informationsgesellschaft. Das hinderte die US-Regierung jedoch nicht daran, Verschlüsselungstechnologie umgehend als Waffentechnologie einzuordnen und Herrn Zimmermann jahrelang juristisch zu verfolgen und ihn von jeglicher wirtschaftlicher Nutzung seiner Entwicklung abzuhalten.

(Zitate Zimmermann:

> »Wenn Privatsphäre gesetzlos wird, haben nur Gesetzlose Privatsphäre.«

> »Privatsphäre ist ein Recht wie jedes andere. Man muss es in Anspruch nehmen oder man riskiert, es zu verlieren.«)

Doug Jackson gründete 1996 als CEO die Firma E-Gold. Seine Vision und sein Geschäftsmodell bestanden darin, eine staatenlose, unpolitische und mit Gold gedeckte digitale Währung auf den Markt zu bringen. Nutzer konnten mit physischen Edelmetallen gedecktes »elektronisches Gold« erwerben und damit untereinander Zahlungen abwickeln. Sein Erfolg mit dieser Idee war sein Pech, denn als E-Gold tatsächlich immer mehr Nutzer verzeichnete, fiel den US-Behörden das disruptive Potential einer Parallelwährung auf, und Herr Jackson fand sich vor Gericht wieder und musste sich gegen eine Flut von Anschuldigungen verteidigen, angefangen von »Bildung einer Verschwörung« bis hin zur üblichen »Zahlungsabwicklung für Kinderpornographie«. Am Ende des jahrelangen juristischen Geplänkels blieb ihm die von der Staatsanwaltschaft geforderte drastische Gefängnisstrafe erspart, weil das Gericht klar erkannte, dass Herr Jackson sich von vorneherein aktiv bemüht hatte, die entsprechenden Lizenzen für sein Geschäft in den betreffenden Jurisdiktionen einzuholen, zu jeder Zeit alle Behörden transparent über seine Tätigkeiten informiert hatte und zudem nicht wissen konnten, was seine Kunden mit ihrem Geld so getan hatten. Er kam davon mit seiner wirtschaftlichen Vernichtung und einer GPS-Fußfessel, die er einige Jahre tragen musste, damit die Behörden immer wissen konnten, wann er sein Haus verlässt.

Beide Schicksale müssen Satoshi Nakamoto aufgrund seines anzunehmenden Hintergrunds bekannt gewesen sein, und angesichts der Tatsache, dass er nicht nur eine Kombination aus beiden Konzepten geschaffen, sondern dies auch noch auf eine unangreifbare, da dezentralisierte, Art und Weise umgesetzt hat, ist seine Entscheidung, lieber nicht zu sagen wer er wirklich ist, absolut nachvollziehbar. Jede andere Entscheidung wäre furchtbar unvernünftig gewesen.

Als Gründungsmythos für eine dezentralisierte Technologie liefert diese Situation natürlich eine großartige Dramaturgie und passt zu Bitcoin wie die berühmte Faust aufs Auge. Bitcoin hat somit nicht einmal einen Guru, einen Meister oder eine andere irgendwie geartete Leitfigur, auf den die Welt blickt, wie sie zum Beispiel in Richard Stallman oder Linus Torvalds für die GNU/Linux-Community zu finden ist. Die Technologie kann auch nicht diskreditiert werden durch eventuell bestehende persönliche Angriffspunkte des Gründers.

Wer auch immer Satoshi Nakamoto ist oder sind, ist am Ende irrelevant. Die Intentionen der Erfindung – eine dezentrale Struktur zu schaffen, die Gleichheit der Teilnehmer sicherzustellen und jegliche Möglichkeit für Manipulationen durch Dritte zu beseitigen – sind klar in den Mechanismen des Systems manifestiert. Bitcoin wird bestimmt durch das Protokoll, das wiederum von den Menschen bestimmt wird, die es nutzen. Niemand kann einen Anspruch auf Führung des Projektes oder auch nur auf Meinungsführerschaft in Anspruch nehmen.

Sollte Herr (oder die Damen und Herren) Nakamoto aus Spaß einmal dieses Buch in die Hand nehmen und dieses Kapitel lesen, möchte ich ihm (oder ihnen) an dieser Stelle meinen Dank aussprechen und vor seiner Leistung meinen schwarzen Stetson bis herunter zu meinen Schuhsohlen ziehen.

KAPITEL 14

Timeline

011108

S.N. Publiziert sein Whitepaper »A distributed timestamping-system for contracts« auf der Kryptographie-Mailingliste von metzdowd.com.

030109

S.N. Schürft den ersten Block per CPU (»Genesis Block«) und rollt damit das Bitcoin-Netzwerk aus.

120109

Die erste Bitcoin -Transaktion: S.N. transferiert 10 XBT an Hal Finney.

051009

Zum ersten mal werden Bitcoins gegen USD getauscht. Der errechnete Umtauschkurs wird auf New Liberty Standard publiziert und beträgt 1.392,33 XBT für einen US Dollar.

301209

Nachdem sich immer mehr Teilnehmer im Bitcoin-Netzwerk einfinden steigt die Hashing-Power des Netzwerkes und die Mining-Difficulty passt sich zum ersten mal automatisch diesem Umstand an.

220510

Das Bitcointalk-Forumsmitglied »laszlo« kauft zwei grosse Pizzen für 10.000 XBT und tätigt somit den ersten Kauf mit Bitcoin.

180710

ArtForz schürft den ersten Block mit einem selbstgebauten GPU-Miningrig und läutet die Phase des Grafikkarten-Minings ein.

150810

Durch ausnutzen eines eine Woche vorher entdeckten Bugs gelingt es einem Nutzer, die Protokoll-Regeln zu brechen und mit einer Transaktion 184 Milliarden Bitcoins zu generieren. Der Bug wird innerhalb weniger Stunden vom Core-Developer-Team gefixt, die Blockchain geforkt und die unlauteren Bitcoins hören auf zu exitieren. Dies wird bis zu Drucklegung dieses Buches der einzige entdeckte sicherheitsrelevante Bug in der Bitcoin-infrastruktur bleiben.

161210

Slush öffnet den ersten Mining-Pool. Solo-Mining wird bald der Vergangenheit angehören.

090211

Dollar-Parity! Ein Bitcoin kostet einen USD.

160411

Jerry Brito publiziert im TIME Magazine den ersten Artikel über Bitcoin in den Mainstream-Medien. Der Titel lautet »Das Online-Geld Bitcoin könnte Regierungen und Banken herausfordern«.

200511

Mit dem Beginn von FPGA-Mining professionalisiert sich die Mining-Szene und erreicht signifikant höhere Hashing-Raten.

080611

Nach einem Artikel auf gawker.com über die Silk Road führt der Run auf Bitcoin zur ersten signifikanten Blase und der Preis für einen Bitcoin steigt kurzfristig bis auf 31,91 USD bevor er wieder abstürzt und im folgenden November den Tiefpunkt von 2,26 USD erreicht.

060711

Andreas Schildbach veröffentlicht mit der Bitcoin-Wallet for Android den ersten Client für Mobiltelefone. Ab nun ist es möglich, überall und jederzeit mit Bitcoin zu bezahlen.

281111

Die erste Halbierung der Block-Reward (von 50 auf 25 Bicoins pro Block) geht ohne Auswirkungen für den Rest der Bitcoin-

Ökonomie von Statten. Weltweit finden Reward-Halfing-Parties statt und Beobachter wundern sich über die Tatsache, dass Bitcoin-Miner quasi die Halbierung ihrer Entlohnung feiern ;).

310113

Avalon liefert den ersten ASIC-Miner aus und läutet damit die Ära des ASIC-Minings ein, welches zu einer atemberaubenden Zunahme der Hashing-Power und der damit einhergehenden Sicherheit des Bitcoin-Netzwerkes führen wird.

150213

Silber-Parität! Ein Bitcoin kostet so viel wie eine Unze Silber.

120313

Der GAU passiert: aufgrund fehlender Rückwarts-Kompatibilität nach dem Update auf Software-Version 0.8 forkt die Blockchain und es gibt zwei getrennte Bitcoin-Netzwerke. Das Problem wird mitten in der Nacht innerhalb weniger Stunden durch die wirkich beindruckende Kooperation des um den Globus verteilten Core-Developer-Teams gelöst und als Europa und die USA aufwachen ist das Problem bereits gelöst.

100413

Die dritte Bitcoin-Blase treibt den Preis für einen Bitcoin auf 266USD bevor er über Nacht wieder auf ungefähr die Hälfte korrigiert. Viele Spekulanten, die ohne tieferes Verständnis für Bitcoin auf den Zug steigender Preise aufspringen wollten, verbrennen sich die Finger.

180313

Mit einem Leitfaden zu virtuellen Währungen läutet die US-ameriknische FinCEN die Bestrebungen von Regierungsseite ein, zu versuchen, Kryptowährungen und darauf beruhende Geschäftsmodelle in das bestehende regulatorische Umfeld enzubetten.

180413

Deutschlands beliebteste Bitcoin-Exchange, bitcoin-24.com, muss schliessen, nachdem die deutschen und polnischen Behörden die Bankkonten sperren um Geldwäsche-Vorwürfen nachzugehen. Alle entsprechenden Vorwürfe werden entkräftet doch trotzdem müssen viele Nutzer bis ins Jahr 2014 warten, bevor sie ihr Geld wieder bekommen.

060813

In einem Prozess gegen den Schneeballsystem-Betreiber Trendon Shavers urteilt der Richter Amos Mazzant, dass Bitcoin Geld sei, weil man damit Dinge kaufen könne und die Bitcoin-Community freut sich über diese weltweit erste richterliche Definition ihrer Lieblingswährung als Geld.

150913

Die Hashing Power des Bitcoin-Netzwerkes erreicht eine Million GH/s. Das Zeitalter von Petahash-Computing beginnt. Bis Anfang 2014 wird sich die Hashing-Power nochmal mehr als verzehnfachen und aus dem Bitcoin-Netzwerk den unerreichbar mächtigsten Supercomputer der Welt machen.

021113

Dem FBI gelingt es nach zweieinhalbjähriger intensiver Zusammenarbeit mit CIA und NSA die Silk Road zu zerschlagen. Ros William Ulbrich wird verhaftet mit dem Vorwurf einer der Dread Pirates Roberts zu sein und 26.000XBT werden mit den Servern von SR beschlagnahmt.

161113

Der Narrow Money Stock Index, eine Rangliste nationaler Währungen, ordnet XBT unter den ersten 100 Währungen der Welt und somit als wertvoller als 91 nationale Währungen ein.

291113

Gold-Parität! Für kurze Zeit erreicht der Preis eines Bitcoins in der dritten grossen Blase den einer Unze Gold: 1.242USD.

071213

Die dritte Blase, getrieben durch den Einstieg des chinesischen Marktes, erhält ihre Korrektur und der Wechselkurs geht wieder um ungefähr die Hälfte zurück.

Index

Die gesamte Taschenbibliothek und viele weitere
Bücher finden Sie unter **www.oreilly.de**

  **Newsletter:**
www.oreilly.de/newsletter

  **Blog:**
community.oreilly.de/blog

  **Facebook:**
facebook.com/oreilly.de

  **Google+:**
bit.ly/googleplus_oreillyverlag

  **Twitter:**
twitter.com/oreilly_verlag

O'REILLY®

O'Reilly Verlag GmbH & Co. KG
Balthasarstraße 81, 50670 Köln